あなたも宇宙とつながっている

今、伊勢神宮に魅かれる理由

Hohoko Asami
浅見帆帆子

伊勢神宮（内宮《ないくう》）の原型とも言われる伊勢神宮の別宮《べつぐう》・瀧原宮《たきはらのみや》の参道にて

別宮・倭姫宮《やまとひめのみや》の現社殿(左)と、次の遷宮《せんぐう》で新たに社殿が建たてられる新御敷地《みしきち》(右)。新御敷地には玉石が一面に敷きつめられ、小さな覆屋《おおいや》がその中央に鎮座している

内宮の手水舎《てみずや》にて

神宮の山を水源とする聖なる川、五十鈴《いすず》川のほとりにある御手洗場《みたらし》。参宮の前にここで心身を清めることができる

五穀豊穣をつかさどる豊受大御神《とようけのおおみかみ》を祭った外宮

全国の神社を包括する神社本廳《ほんちょう》総長・田中恒清《つねきよ》氏と

内宮の参道を歩きながら。神宮参事・河合真如《しんにょ》氏と

あなたも宇宙とつながっている

今、伊勢神宮に魅かれる理由

カバー・本文イラスト　浅見帆帆子

長いまえがき——この本で伝えたいこと

本書には、**「人は誰でも宇宙につながっている」**ということについて書いてあります。普段はつながっていることに気づいていないだけで、人間の力を超えた巨大な叡智《えいち》である宇宙は、日々、私たちにたくさんの情報を教えてくれています。「直感」もそのひとつです。

そのたくさんの情報の表現を換えると、「運が良くなるコツ」や「成功哲学」となるだけで、先は同じところへ向かっているのです。逆に言えば、「運が良くなるコツ」を知ることは、その先にある「宇宙の仕組み」や「人間が生まれてきた意味」や「目には見えない偉大な世界」などを知るためのほんの入り口です。

これは特定の宗教や教えによるものではなく、本当は誰もが感じていることのはずです。この数年、「スピリチュアル・精神世界」というような考え方が浸透し、それをきっかけに「目には見えない世界」に興味を持つ人が増えました。

また、日本人の祖先神が祭られている伊勢神宮、そこから始まる神道をほんの少しのぞいただけでもそれがわかります。２０１１年3月11日の東日本大震災を機に、これらのことに気づく人、思い出す人が増えたのも事実です。

私はこれまでの自分の本に、「起こる物事にはすべて意味があり、今の自分に必要なことを知らせてくれている」と書いてきました。

だとすれば、東日本大震災が私たちに知らせようとしていることはなんなのでしょうか？　なんのために、あの地震が起きたのでしょうか？

東日本大震災をきっかけに——

1　自分＝他人、という感覚がわかった

地震後、東北地方に向けて日本をはじめ世界中から支援（物・お金・人）が集まりました。「今の自分にできることをなにかしたい」という自発的な気持ちが各地で起こり、それぞれの人が自分の状況でできることを考え、行動に移しました。

その善意は途切れることなく世界中から集まり、また混乱の中でも秩序正しく

振る舞う日本人の再評価にもつながりました。

さらに、原子力発電所の被害に伴う恐怖（原発問題）が、日本への注目に拍車をかけました。「地球の裏側の原発が爆発したら、自分の生活にも被害が及ぶ。他国の被害は自分の被害」……それをリアルに感じたからこそ、「このままではいけない」という気持ちに動かされ、世界中の人が、地球の未来についてこれまで以上に真剣に考え始めたのです。

考えてみると、かつて、これほど世界の気持ちがひとつにそろったことはなかったかもしれません。地震だけであったら、天災のひとつとしていずれ風化していくかもしれない……。原発問題があってはじめて、すべての人にとって「対岸の火事」ではなくなったのです。

宗教や人種や文化の違い、派閥や価値観の違い……そんなことを言っている場合ではないということに、あらゆる種類の人が声をあげ始めました。地球がひとつの生命体であるという感覚をようやく実感したのです。

地球が汚されたら自分の明日もなくなる……これほど大きな被害があってはじめて、ようやく人間が気づきつつあるのだと思います。

2 物質中心主義から精神的な生き方へ

あの震災の直後、普段どんなに物があふれる生活をしていても、最後は「水」であり、そこから始まる「食」であること、行きすぎたグルメを追うことより、限りある物を大事に循環させていく生き方の豊かさを、多くの人が感じたはずです。それは、ひたすら節約をして細々と制限的な生活を強いられることではなく、目の前にあるものに目を向けたときに感じる、純粋な「ありがたい」という感覚です。誰に教えられたのでもなく、みんなが一瞬で同じような思いになる力が、あの震災にはありました。

地震が起こる前から、現代の行きすぎた物質主義に対して「なにかがおかしい」と感じていた人は大勢いたはずです。

この数年、「本当の幸せってなに?」というような、愛や調和をテーマにしたものが増えていたことも、その表れのひとつでしょう。「癒し・パワースポット・神社仏閣」などの入り口から、「目に見えない世界」に興味を持つ人が増えたことも、そのひとつです。

誰もが、心の幸せを求めているのです。

物質的なものはその人の外側部分に関係があり、幸せは内側部分と関係しています。どんなに物があふれていても、なにを達成しても、心（精神）が満たされていなければ幸せにはなれないということに、多くの人が気づいているからです。

だからといって、物やお金をすべて捨てて、毎日平和への祈りの生活に入るというようなことが求められているわけではありません（それはその役目のある人がすればいいことです）。**山にこもって祈ることではなく、日常生活こそが本番なのです。**

これからの時代は、たとえばなにかを達成するときに、相手を蹴落とす意味での「競争」や「奪い合い」の方法ではなく、「共存・分かち合い・理解」など、本当の意味でみんなが納得して幸せになる方法に変わっていくはずです。

この「みんなが納得して幸せになる方法」こそが、言葉を換えれば「宇宙に応援される生き方」であり、「成功法則」であり、「うまくいくコツ」なのです。**それが「正しい」からするのではなく、そのほうが自分も含めたみんなが幸せになるからするのです。**

これまでにも、この「宇宙に応援される生き方」で発展してきた企業や団体や人は数多く見られました。あなたのまわりでも、自分の心からワクワクすることに向かって進み、結果的に、まわりの人や社会や地球のためになることをしている企業や団体や人は、どんどん発展して（うまくいって）豊かになっている例があると思います。**ワクワクすることを追っているだけでどうしてうまくいくのだろう……そのワクワクしているときが宇宙と同じ波動であり、その状態になっている人や団体を宇宙が応援しているからです。**

逆に、奪い合いや比較だけで進めてきた業種、企業、団体、人は崩壊する（うまくいかなくなってきている）という例も、この数年さらに増えたと思うのです。

これからの時代は、宇宙に応援される生き方をして発展していく人たちと、そうではない人たちの幸せ度合いがさらに開いていくと思います。

また、頭や理屈でわかっていても実践していなかった人たちが、本当に変化するときなのでしょう。地震をきっかけに、一気に大人数が変わる（変われる）ときなのです。「変わるべき」なのではなく、その方法のほうが、幸せを感じながら成長（達成・実現・進化）していくことができるからです。

新しい成功法則が出てきたのではなく、原点に帰ったのだと思います。太古の昔に実践されていた方法、本来日本人が持っていた精神を思い出すきっかけになったのです。

私は、２０１０年の秋頃から伊勢神宮にご縁ができ、数回にわたって伊勢神宮を訪ねました。そこには、人間はもともと宇宙につながっているということ、それを思い出すきっかけ、これからの時代にうまくいく法則がたくさん隠されていました。今まさにそれらの考え方が必要だからこそ、神社巡りやパワースポットなどに興味を持つ人が増えたのだと思います。

3　自分が幸せになることが世界平和へつながる

「自分＝他人」であることに感覚として気づく、これが世界平和の第一歩だと私は思います。

「自分＝他人」になるということは、自分の考えを尊重するのと同じように、「他の人には他の人のやり方があっていい」と、他人の「自由」を認めることです。

「これが一番正しい（それ以外はダメ）」と相手に押しつける姿勢がなくなれば、宗教も国境もない「ひとつの地球人の世界」ができるはずです。

そのためには、自分の「枠」を外すことです。「こうあるべき、こうでなくてはいけない」という基準や常識のほとんどは、長年の教育の洗脳や、自分の思い込みに原因があることに気づくことです。

宇宙には「枠」がありません。「枠」のない宇宙が降らせてくる直感は、そのときは奇抜なものに感じますが、ためしにそれを実行してみると、それがうまくいく方法であったことに後から気づきます。人間の私たちが「枠」を外すと、面白い情報やうまくいくアイディアがますます入ってくるようになります。

「自分＝他人」ということは、「**自分を幸せにすることが他人の幸せにもつながる**」ということです。これは、「自分を犠牲にして」とか「自分より先に他人のことを」という考え方ではありません。

思い出してみてください。自分のなかのある一部分でうれしいことがあると、他の部分で抱えていた問題が小さく感じることがありませんか？　明るい気持ちでその問題に向かうことで、その問題自体が解決してしまうこともあると思います。

ひとつの部分で明るい気持ちになることは、それとは関係ない部分の問題にも影響を与えるのです。自分に起こることは、みんなつながっているからです。

同じように、地球全体をひとつの生命体として見ると、今日あなたのまわりで幸せの波動をあふれさせることは、地球の裏側にも飛び火します。

ある地域で幸せのエネルギーが高まれば、それが「１００匹目の猿現象」を起こし、遠い場所でも似たようなことが起こるからです。

接触のない遠く離れた場所でも、
同じ現象が起こる
＝あなたが幸せになることが世界平和へ

100匹目の猿現象

米国の科学者ライアル・ワトソンによって唱えられた生物学的現象。宮崎県・幸島に暮らすある猿がイモを水で洗って食べはじめたところ、同じ行動をとる他の猿が徐々に増えはじめた。その頭数がある臨界値を超えたとき、遠く離れた場所でも同じ行動をとる猿が現れだしたというひとりひとりが、今ある自分の生活に心から幸せを感じて活動していくと、その楽しそうな姿がまわりの人に化学反応を起こし、「生きるって楽しい、素晴らしい」と感じる人が増えていきます。自分を幸せにすることが、実は他人を幸せにすることにつながっていると気づく……つまり「自分＝他人」であることがわかります。

その結果、「自分だけが‼」という考え方もなくなれば、「自分を犠牲にして人のことを‼」という考え方もなくなるのです。

大きなことが起こるときというのは、大きく変化できるとき（＝変化が必要なとき）です。この震災が伝えようとしていることを考えたとき、今こそ、これまでの「運が良くなる方法（＝宇宙に応援される生き方）」を各人が日常生活で実践し、ひとりひとりが幸せになるときだと思います。

世界平和のために、あなた自身が幸せになるのです。

宇宙につながる生き方を始めると、なによりも自分の人生が楽しく、居心地良く感じます。すべての人に生まれてきた意味と役割（使命）があるとわかり、これまでとは違う解放感を味わって人生が面白くなるのです。

自分の本音でワクワクを感じること、「好き!」と思うこと、直感(本音)が教えていることに素直に自由に進んでいくことだと思います。

そのワクワクすることの先に、あなたの使命があるからです。

あなたが幸せになる先に世界平和がある……皆さまの人生が、それぞれ楽しく、幸せなものになるといいなあと思います。

2011年　浅見帆帆子

あなたも宇宙とつながっている◎もくじ

第1章　まわりに起こる物事は、すべてつながっている　023

第3章　日本人がはじめから知っていた、宇宙とつながる生き方　123

第4章　枠を外して生きる　167

第1章

まわりに起こる物事は、すべてつながっている

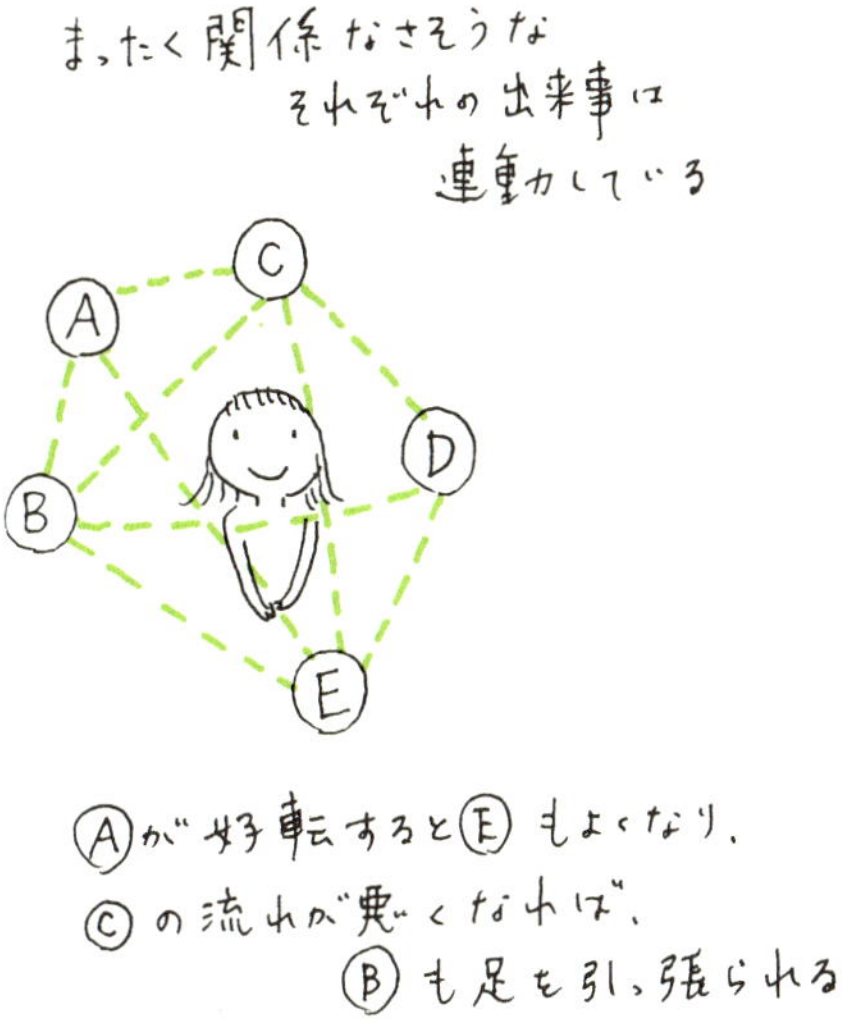
まったく関係なさそうな
それぞれの出来事は
連動している
A
B
C
D
E
Aが好転するとEもよくなり、
Cの流れが悪くなれば、
Bも足を引っ張られる

どこまでが現実世界？　どこから先がスピリチュアル？

これまで、私が自分の本に一貫して書いてきた、「まわりに起こる物事は、今の自分に必要なことを知らせている」ということから考えると、今回の大震災は、「地球規模で、人類に大事なことを気づかせようとした大きな計画のひとつだった」と言えると思います。

「気づかせる」「計画」というような言葉を使うと、その途端に「神の計画」や「宇宙の意思」など、なにかの宗教や偏った考え方のように感じられるかもしれません。ですが、これは単に表現や言葉の問題です。

こういうことがありませんか？

「自分の生活で起きた大きなハプニングが、実は自分に大切なことを教えてくれていた、と後から気づく。起きた当時は自分には関係ないことに勝手に巻き込まれたように感じたけれど、後から振り返ると、大事なことを自分に教えるために起きたように感じる」

……これと同じように、あることを人間に知らせるためにあの地震が起こった、という意味なのです。

あることとは、「地球人」として枠をなくして団結する必要があること、本当の意味で幸せになるために意識をレベルアップすることです。

この数年、「スピリチュアル」「精神世界」と言われるようなものが日本にも浸透し始めました。10年前であったら「偏った人」としてレッテルを貼られたような言葉を、たくさんの人が日常生活で普通に使っているのを見ると、これからの時代には「この言葉を使ったら宗教的。ここから先はスピリチュアル」というような区別は必要ないように感じます。

漠然と定義されている「スピリチュアル」というものは、実ははじめから私たちの生活と密着しているものです。

たとえば、この数年メディアで取り上げられ始めた「パワースポット」というものも、何十年も何百年も前からそこにあったものでした。そこに焦点をあてていなかった人たちには最近登場してきたもののように感じられますが、以前からその知恵を利用していた人たちには、当たり前のことに感じられるでしょう。

意識してもしていなくても、パワースポットに行けば自然とその場所の恩恵を受けるように、そこにはじめからある自然なものなのです。

自分は関係ないと思っていても、実は深く関係して生きている……。「空気は目に見えないから自分には関係ない」と思っても、日々しっかりとその恩恵を受けているようなものです。そこに焦点をあてて生きるか、無視するかの違いです。


そもそも、人間自体がとてもスピリチュアルな存在だと思います。死んだ途端に肉体が滅びていくことを考えれば、目に見えない「魂」と呼ばれるようなものが作用していることを無視はできません。

お墓参りや神社仏閣への参拝なども、スピリチュアルな考え方と日本の伝統を自然と実践している結果です。

お墓参りや御先祖様の存在は信じるけれど、守護神、守護霊のようなものは信じない……どちらも目に見えないといえば同じです。

「パワースポット」はお遊びや観光の延長だけれど、風水は信じている……どちらも気学や方位学の上に成り立っているものです。

ビジネスに役立つとされる切り口からの「直感」や「瞑想」には興味があっても、「ヒーリング」となるとあやしい……もちろん、どんな種類のものにも本物から偽物まで幅がありますが、「見えない世界」という意味ではどれも同じであり、ここまでが現実、ここから先はスピリチュアル、と区別できるものではありません。


成功哲学として紹介される「運を良くする考え方」というものも、目には見えない「人の心や意識」を扱っているものです。

それらをさらに深めていくと、神、宇宙、天地の法則、さらには前世、魂、輪廻、人間の使命……というような話が必ずと言っていいほど出てきます。

昔の時代の科学者は宗教家であり、最後には、今で言うスピリチュアルな部分の研究にたどりつく例が多々ありました。人間自体がスピリチュアルな存在である以上、なにかの原理や真理を追及していけば、最後には必ずスピリチュアルな部分、「目に見えない世界」にたどりつくのが自然なのです。

運が良くなる仕組みを知ることは、その先にある自然界や宇宙のルール、人間の役目（使命）、限りない宇宙の叡智を知るほんの入り口にすぎません。

後に書く、伊勢神宮から始まる「神道」についても、ビジネス的な「成功哲学」

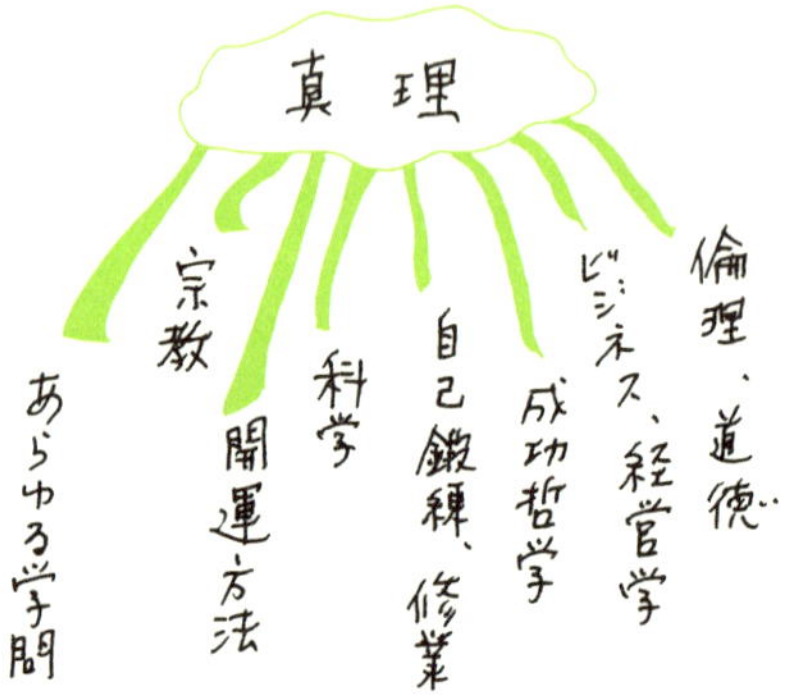

真理
倫理、道徳
ビジネス、経営学
成功哲学
自己鍛錬、修業
科学
開運方法
宗教
あらゆる学問

その人にわかりやすい方法で
伝え方や言葉を変えただけ。

と共通している部分がたくさんあります。「この教えは神道で、こっちはビジネスの成功哲学」と分けられるものではなく、すべてがつながっているのです。同じことを、「神道の世界から言うとこうなり、違う角度から言えばこうなる」という違いです。

そして、これらの目に見えないルール（天の法則）と、人間的な目に見えるルール（地の法則）が影響し合って成り立っているのだと思います。

起こることに偶然はない

起こることに偶然はない……あなたは、これを日常生活でどのくらい感じているでしょうか？

「たしかに意味のある出来事もあるだろう、でも小さなことは偶然のことも多いのでは？」……以前の私も、その程度に捉えていました。ですが、私たちが思っている以上に、偶然というものはなさそうです。

あなたがふと目にするもの、たまたま耳にして心に残った言葉、パッと本音で感じる感覚など、すべて、あなたが「そう感じている意味」があります。たとえば第2章で詳しく説明する「直感」というものは、まさにこの「ふと思いつくことにどこまで素直になれるか」なのです。「ふと思う」という感覚を通して、あなたに必要な情報を見えない叡智が教えてくれているのです。

この「見えない叡智」のことを、「神」と呼んでも、「宇宙」と呼んでもかまいません。人間の目には見えないなにかが、今のあなたに必要なことを教えてくれているのです（なにかといっても、存在ではなく、とにかく人間の力ではないもの、本書ではこれを「宇宙」と表現しています）。

ふと思いつく程度の小さなことにも偶然がないのであれば、起こる出来事には必ず意味があります。

運が良くなる考え方の基本は、一見嫌なこと（事件）が起こったとき、それが自分になにを知らせているか（どう捉えるか）、から始まります。

簡単な例で言うと、たとえば公共の場で、あなたがムッとさせられる態度の人に出会ったとします。こういうとき、たいていの場合、自分もどこかで同じような態度をしていた可能性があります。それを見せられているのです。誰かに対してまったく同じ態度をしていたということではなく、たとえば、ちょっとした思い上がり、世間や社会への斜めな構え方、不躾な態度などが、どこかで誰かをムッとさせていたかもしれません。

ですからこの程度のことは、「自分も気をつけよう」と思って、サラッと流せばいいことです。相手の態度にいちいち反応して、自分の生活を乱す必要もありません。小さなこと、どうでもいいことに心を乱されることはないのです。

次に、もう少し大きな種類のことについて。

たとえば、車を路上駐車させていて、あなたの車だけが駐車禁止の札を貼られたとします。他の車は貼られていないのに自分だけ……そこからほんの数分離れただけなのに運が悪い、と感じるようなことです。

自分だけがタイミング悪くこうなった、なんでこんなことが起こるんだろう、と感じることが起こったときは、ここしばらくの自分の生活を振り返ってみると必ず、なにか思い当たることがあるはずです。

「駐車禁止」はただの現象なので、車に関係のある「思い当たること」ではなく、自分の生活で気づかなくてはいけない「なにか」です。

その内容は人によってさまざま……

・最近、まわりの人への態度が横暴だった、思いやりに欠けていた
・謙虚さがなくなっていた
・小さなことに不満や愚痴ばかり言っていた
・欲に走って、本来の目的を忘れていた
・すべて自分の力でやっていると思い、感謝が足りなかった
・自分の世界の基準を絶対と思い、それ以外を否定していた
・忙しすぎて、体を大事にしていなかった
・焦っていた
・無理に押し進めていることがあった
・人のことを、お金や損得など外的状況で判断していた

・お金に対して（人間関係に対して、〇〇に対して）見直しが必要だった

など、なにか引っかかることがあるはずです。

「ああ、あのことだ……」と思い当たることがあれば、それで充分。それを知らせてくれたんだな、と思えばいいのです。

自分のまわりに起こることは、すべてつながっています。

拙著『あなたは絶対！運がいい』（廣済堂出版）の中で、「自分の中のある部分でプラスのパワーをためると、他の部分で抱えていた問題が解決する」という仕組みを書きました。それと同じように、**ある部分でマイナスのことがたまると、それとは関係ない別の部分に表れるのです。**それが俗に言う「運の悪いこと」です。

憂鬱なことを考えていたらお腹が痛くなってきた、ということに似ています。「お腹が痛くなる」という形を借りて、気づいてほしいことを伝えようとしているのです。

負の連鎖、運の悪いことを止めるには

運が悪いなあと感じることが続くとき、自分になにを知らせようとしているかに気づくと、運の悪いことは不思議とそこで止まります。

起きている「事柄」のほうからしてみると、その人になにかを気づかせるために起こっているので、気づいてくれれば目的達成だからです。

ところが、「どうしてこんなことが起こるの⁉」と怒ったり、「自分は悪くない」とまわりのせいにしたり、ただ落ち込んで暗くなったり、もっとひどくなると、無関心や強がりをよそおって通りすぎようとすると、同じようなことが続けて起こります。

私は、一番はじめに本を書いた10年前から、いつも自分の生活で実験をしているのですが、はじめの段階で気づかないと、わからせるまで何度でも似たようなことが起こるのです。これが「負の連鎖」……起きたことにマイナスの反応をすることで、さらにマイナスの出来事を引き寄せるのです。

面白いことに、その次に起こることは、前回よりも少し大きな事柄として起こります。

前述の車の例で言えば、私にも経験があります。自分だけが駐車違反をとられた数日後（数週間後）、違う場所でまたとられる……それを、「ただ運が悪かっただけ」と自分には関係ないこととして無視していると、今度は、高速道路の右車線で私だけがスピード違反で捕まりました。前後には同じようなスピードで走っている車がたくさんいるのに、です。捕まえた警察官にイライラして、不満を他の人にぶつけて通りすぎると、その数日後、予定がつまっている忙しい日の朝に、車が故障して動かなくなり……この時点でようやく気づいたのです。

当時、私にもきちんと「思い当たること」がありました。それを気づかせるために起こっているのです。そしてはじめの段階で気づかないと、だんだん重い出来事に発展する、もっと早く気づいていれば、その時点で終わっていたのです。

3・11の大震災（と原発問題）ほど大きな被害になる前に、人類が気づくチャンスもたくさんあったかもしれません。この数年に起こった天変地異や異常気象、病原菌の蔓延なども、ある部分では「人類への警告」という見方もされていたと思います。

でも、ひとつの地域で起こる災害では、そのときは警告と捉えても、やがて忘れられてしまう……やはり、世界規模で気づくためには、世界を巻き込む「原発問題」に発展する必要があったのでしょう。

運の良い悪いは、実はない

「一見悪いことほど、自分になにかを知らせるために起きてくれている」ということに気づくと、未来への不安や起きた物事への怒りはなくなります。

自分と、まわりに起こる物事の因果関係がわかるからです。

夢を実現していたり、幸せを感じて暮らしている人たちは、一見嫌な出来事が起きたときに、それを「ただ悪いこと、嫌なこと」と思うのではなく、「それが起きた意味はなにかな？」と眺めます。

すると、その物事を通して今の自分に知らせたいことが見えてきます。それに気づいた瞬間にその人の波動は変わり、精神レベルが上がり、ひとつステージが上がった良い流れに変わります。

良い流れに変わると、その後の生活が激変します。ネックになっていた部分を乗り越えたので、突然運が良くなったように感じられたり、物事がスルスルと進むようになったりします。

そして、後から振り返ったときに、「あのときに気づけて本当に良かった、あの事件のおかげでこうなることができた」と、その出来事に感謝するようになります。つまり、その事件は、自分を変えてくれた貴重な出来事だったのです。

この仕組みがわかると、起こる物事に「運が良い、悪い」という判断はなくなります。**その出来事は、ただ起きているだけ。その形を借りて、必要なことを知らせてくれているだけなのです。**

夢に向かう途中に、事件が起きやすい理由

夢を実現していく過程では、「これまでにない新しい出来事が起こって、必要なことに気づかされる」ということがよく起こります。大きく外側から変化させられるのです。

慣れていないととまどうこともありますが、その夢をかなえるためには、必要な変化なのです。

あなたの夢が実現した状況を思い浮かべてください。

一番自然に思い浮かぶシーンで充分です。無理に考え出したり、細部にこだわる必要はありません。

このときに一番大切なことは、場面や状況よりも、実現したときの「気持ち」をイメージすることです。夢がかなったときにしみじみと湧いてくる（だろう）感情を、すでに今起きているように味わうことです。

すると、脳はそれがすでに起こっているものと錯覚を起こし、そのイメージと同じ状況を現実の世界に形として引き寄せやすくなります（詳しい方法は『わかった！　夢が実現するコツ』〔廣済堂出版〕を参考にしてください）。

幸せな気持ち
笑いがこみあげる感覚
その「場」になりきる
夢と同じ波動になる
しみじみ
ここをふくらませる
（ここがふくらまないことは
実現しにくい）

イメージングをしたあと、実際に夢に向かって動き始めると、その途中で、今まで経験したことがないような新しい種類のことが起こります。

それは、自分の苦手なことであったり、これまで避けてきたことを体験させられることになったり、「どうしてこんなことが起こるのだろう」というようなものが多いはずです。夢には関係なさそうな出来事ばかりです。

でもそれは、あなたの夢の実現に必要だから起こり始めたのです。

今年のはじめ、私にも夢ができました。

それは……ひと言でいうと、ズバリ「アジア平和」です。

これまで、「アジア平和（または世界平和）」というような言葉を口にできるのは、ボランティアを含め、なにか具体的な方法で社会に貢献している人、形に残している実績のある人など……そういう人だけが口にして許される言葉だと思っていました。

ところが今年になって突然、「未来にアジア平和を目指しているのであれば、今からそれを口に出してもいいのではないだろうか？」という気持ちになったのです。アジア平和のことを考えるとワクワクする、具体的な方法は未定だけれど、最後にみんなが笑っているシーンが浮かぶ……ということは、そのイメージを持ち続けていれば、方法はいずれ出てくるだろうと思ったのです。

そこで、「アジア平和をするのにふさわしい自分」のイメージを始めました。どんな状態がふさわしい自分なのかはわからないので、ただ、今の私が思いつく「アジア中の人がニコニコしているなかにいる私」を想像しているだけです。

その想像を始めた途端、いろいろなことが私の身のまわりで起こり、これまで経験したことのない忙しさが始まりました。

それは、社内の人事の見直しであったり、それにまつわる人間関係であったり、新しい分野の仕事であったり……本を書く時間もとれないほど、やらなければならないことが山積みになったのです。

「対処しなくてはならないことが次々と起こる、せっかくアジア平和という夢に向かって落ちついて考えようと思っていたのに、どうしてこんなに忙しくなってしまったんだろう」とはじめは思っていましたが、それはまさに、新しい夢に必要な忙しさだったのです。

その夢に向かうためには、まず自分のまわりの環境を整えること、落ちついて向かうことができるように、体勢の立て直しが必要だったのです。

そして、その「面倒に思える作業」は、私が半年以上ものあいだ、やらなくてはいけないと思いながら蓋《ふた》をしてきたことでした。そこを整理させられる動きが起こる……中心にいる人の波動が夢に切り替わると、その夢に必要なことが起こり始めるのです。

Yさんは、自分の会社が新しい事業へ乗り出すという夢に向かい始めてしばらく経ったとき、突然の体の不調で入院しました。

半年以上の療養生活を続けるうちに、Yさんは、大事なことに気づきます。

それまでの自分が、欲を満たすだけの方法で進めようとしていたこと、無理を通そうとしていたこと、それを忠告してくれた部下に耳を貸さなかったこと、焦って結果だけを追ってしまい、いつのまにか夢に向かう楽しい気持ちがなくなっていたことなどに自然と気づいたのです。

そして思い返してみると、それまでにも、それらを知らせる予兆の出来事がたくさん起きていました。「でも、それくらいでは気づかなかった。入院くらいの大きなことになってはじめてわかった」というのです。

退院後、人が変わったように新しい方法で夢に向かい始めた途端、タイミングや縁に恵まれ、現在、夢を実現しています。


夢が実現するというのは、その夢にふさわしい状態になる、ということです。ふさわしい状態になれば、あとは時間の問題で、夢は向こうのほうからやってきます。条件がそろえば自然と満たされるのです。

その条件とは、環境や能力だけではなく、心の状態も含まれています。

環境や能力に対しての「するべきこと」は、思いつきやすいものです。「やるべきこと」が具体的にあれば、誰でも努力ができます。また、それをこなすことで、確実に夢に近づいているような気持ちにもなります。

ところが、心を成長させることは、普通の日常生活では簡単ではありません。

とくに、外側の条件がそろっていると、「心がそろっていないから実現しない」と気づくことすら難しいですよね。

途中で起こるハプニングは、心を変化させてくれる情報なのです。

といっても、Yさんの入院のように、すべての人に大きなことが起こるわけではありません。罰を与えるために必ずハプニングが起こるわけではないので、身構える必要もないのです。

Yさんにとっては入院がわかりやすかったように、あなたにとって一番わかりやすい方法で起こり、あなたが変わるきっかけになります。

それはその夢に必ず必要なことなので、どんなふうに変化させてもらえるのか、それを楽しめばいいのです。

中心に、その夢の波動を出している（夢のことを思い続ける）自分がいる限り、そこに引き寄せられてくるものは、みんなその夢に関係あることです。

それを、**今の自分の判断で「これは夢に関係ない、必要ない」と思って拒絶していると、その先に夢が近づいていることに気づきません。**これも夢につながっている、とそのまま受け入れると、先に起こる物事が変わるのです。

もっと楽に実現していい

「大きな事件（苦難）が起こらなければ、夢は実現できない（成長できない）」

ということはありません。

「その人にとっては、大事なことに気づくためにそのハプニングが必要だった」というだけで、その大事なことを日常生活ですでに気づいていれば、ハプニングが起こる理由はないからです。

たとえば、「健康のありがたさ」を日常生活でいつも感謝している人もいれば、大病をしてようやく気づく人もいます。

自分の横柄な態度を、まわりの人の小さな変化で気づく人もいれば、自分から人が離れてしまってはじめて気づく人もいます。

つまり、大きな事件が起こらずに夢を実現していく人は、その人の心が、すでにその夢にふさわしい状態になっていたということです。

決して不公平にできているわけではありません。その人に見合ったことが起こっているのです。

「なにかを達成するときには苦難があるものだ」とインプットしていると、そのイメージのとおりに人生は動き始めます。意識しているとおりのものを引き寄せるのです。この思い込みがあると、なにかを選択するときに、わざわざ苦しい方法を選び、簡単に実現できる方法に目を向けないようになってしまいます。

Kさんは、オーディションに受かって歌手になることを夢見ていました。オーディションというようなものは、それに合うタイプの人とそうではない人がいるものです……何度挑戦しても受からないまま、何年もの月日が流れ、もう歌うことをやめようかと考えていました。

「夢」というのは、本来、「それを考えてワクワクするもの」です。歌うことが好きなのであれば、何年経とうと歌をやめる必要はありません。歌手になるのは、歌を続ける条件ではないからです。

実はKさんのまわりには、オーディション以外で歌手になれるかもしれない別の方法がたくさんありました。音楽関係の仕事をしている人たちからの歌の誘い、別の形でCDを出すチャンス、○○に弟子入りをする話、□□の会社を紹介してもらうご縁……というようなチャンスもたくさんあったのです。

そのときまわりの人たちは言いました。

「どうして、そっちの方法じゃダメなの？」

Ｋさんの中では、オーディションに受かって歌手になるという方法が唯一の道だったため、その方法が苦しくても、離れることができなかったのです。

またＫさんは、「夢は苦しまないと達成できない、人の助けを借りずに自分でしなければいけない」とも思い込んでいました。

まわりの人たちからのお誘いこそ、「見えない叡智」からの情報だったかもしれないのに、苦しむことが必要と思い込んでいたのです。


日本人は良い意味で真面目なので、楽な状態で夢を実現することに抵抗があったり、さらに、楽に実現した人は評価されにくい、という感覚の歴史があります。

でもそれは、「その人は、その部分の気づきはクリアーしている」ということなのです（さらにスピリチュアルな言い方をすれば、魂の長い輪廻《りんね》の歴史のなかで、その種類の苦労は今回の人生では経験しなくていい〝すでに経験済み〟、ということかもしれません）。


苦難あっての夢の達成、という前置きは必要ありません。あっさりと実現しても、途中に大きな「事件」が起こっても、どちらでもいいのです。

それが起きた意味に気づくと、次元が上がる

目の前の出来事をきっかけに大事なことに気づくと、その後の生活は激変します。一段、ステージが変わる（上がる）のです。

私流に言うと、精神レベルが上がります。

精神レベルが上がると、これまで経験していたような種類のトラブルは起こりにくくなります。大人が子どものケンカを見るように、くだらない種類のもめごととは無縁になります。たとえ近くで起きていても、巻き込まれないようになります。

よく、「同じ環境にいるのに、そんなトラブルが起こっているなんてまったく知らなかった（終わってから知った）」ということがありますが、それは、あなたはそのトラブルを経験しなくていいということ、同じ波動ではないから引き合わなかったということです。

逆から言うと、自分のまわりにくだらないもめごとがたくさんあるときは「こ

んな種類のことに巻き込まれるというのは、自分の精神レベルはどのくらいの低さにあるのだろう」ということです（精神レベルの詳しい仕組みは、『あなたは絶対！運がいい』を参考にしてください）。

精神レベルが上がると、幸せを感じやすくなります。

これまで気づかなかった小さなことに感動したり、なにかを面白く捉えて笑いが増えたり、感情や生活に色がつくのを感じることができます。精神レベルの高い人と話していると、小さなことに大笑いできたり、ユーモアやかわいらしさを感じることが多いのはそのためです。

自分の状態が良いときは、緑の美しさや太陽の光、自然の香りなどにしみじみと感じ入ることができますよね。人生が味わい深いものに感じられて、幸せ指数が上がるのです。同じようなものを見ても、波動が変わったことで視点が変わるので、これまでと違う体験をすることができるのです。

もちろん、視点が変わるだけではなく、実際に起こる物事も変わります。流れや運が良くなったように感じたり、タイミングのいいことが増えたり、人間関係が変わる場合もあります。

毎日に幸せを感じるようになると、現状に満足しつつ、夢や望みに対しても意欲的に向かえるようになります。以前より活動的になるのです。

つまり、現状に満足することは、そこで停滞して発展がないということではありません。今の自分の生活に幸せを感じながら、もっと明るく豊かになるほうへ、意思を持って進むようになるのです。

波動が変わって、これまで起こっていたような日常生活でのトラブルがなくなると、まわりとの調和、平和、団結というような次元のものに目が向くようにもなります。

あなたが幸せでいっぱいのときには、自然とまわりの人の幸せを願ったり、応援したりする気持ちになれますよね。今の自分が感じている幸せの感覚を世界中の人が感じますように、というような、平和への気持ちがあふれてくるのです。

誰かに説得させられなくても、自発的にその気持ちが起こるのです。

そして、**「すべて、うまくいくようにできている」**ということも感じるようになります。Ｙさんが入院したことも、駐車違反をとられたことも、大きな流れで見れば、その人が幸せに発展していくために起きていたことです。

その一点でなく全体から見ると、「その人の人生を幸せなものにするために起こった」というように、**「知らせることがあって、それが起こる」**という順番に感じられるのです。

同じことを今回の震災に置き換えると、これほどの大きな災害が、なんの意味もない「ただの災害」として起こっているはずはありません。たくさんの命を、ただ奪うだけに起きているはずはないのです。大きな流れで見たときに、日本をはじめ世界、地球が発展するために、幸せとなるために起きたのです。

天に召された命は、その犠牲者ではありません。その人たちのおかげで今後の地球がある、世界中の人たちを気づかせたものすごい使命があったのだと思うのです。たくさんの思いを残して亡くなられた方々のご冥福を、そのご家族や恋人、多くの仲間たちと共に心よりお祈り申し上げます。

まわりにいる人は自分の鏡——波動の仕組み

精神レベルが上がってステージが変わると、人間関係が一新されることがあります。

人間関係は、お互いの波動で成り立っています。波動が同じ（似ている）人同士が仲間になり、違う人同士は近づきません。

簡単に言えば、「類は友を呼ぶ」のです。

「なんとなく雰囲気が合う、意気投合する」と感じるのは、目に見えない相手の波動が自分と同じだから起こることです。もちろん、趣味や価値観の相違も関係はありますが、その部分が同じでも、心の質（波動）が同じでないと、一時的な関係で終わったり、本当の意味で心が通い合う関係にはなりません（この「波動」のことを「エネルギーの質」と言ったり、「オーラ」と言ったりする場合もありますが、ここでは同じことを指しています）。

波動とは、外側の物質的なものが原因ではなく、内側の内面的なもので決まります。

同じような生活スタイルや経済状況であっても、トラブルにまみれて心暗いことに足を引っ張り合っている集まりと、心穏やかに物心両面で幸せを感じている人たちの輪があるのは、このためです。

自分の気持ちが落ちているときに、いつも同じ人に会うことになる、ということがありませんか？　それは、あなたの暗い波動が相手の暗い波動と引き合うために、同じような気持ちのときに会っているように感じるのです。

反対に、自分の節目のときや、新しいことへ向かおうと張り切っているときに会う人もいると思います。これも、相手の明るく勢いのある波動と、あなたが同じになったので、自然と連絡をとり合うようになるのです。

誰でも、同じひとりのなかに、プラスとマイナスを併せ持っています。

自分が卑屈になったり、不満や怒りでいっぱいになると、このマイナスの部分が拡大します。普段は優しい人が犯罪を起こすのも、ひとりの人間のなかのマイナス部分が肥大化した結果です。

「魔が差す」というような、良からぬ縁を引いてくるときも、落ちている自分の波動が、相手の同じ部分と引き合うからです。被害者は自分ではなく、相応のものと引き合っているのです。

つまり、まわりにいる人はみんな自分の鏡です。

人をお金で判断する人は、同じようにお金で判断する人がまわりに集まり、肩書きや知名度で判断する人は、肩書きや知名度が好きな人の集団で群れています。その人たちにとっては、その基準がいいので問題はありませんが、その波動とは違う種類の人がそこに入れば、居心地の悪さを感じるのです。

「居心地の悪さ＝違和感」があるのは波動の違いなので、その人同士がなにかをしようとすると良い方向へは進みません。どこかで無理があり、その無理をどちらかが我慢しながら進めることになるからです。

ですから、違和感のある人とは素直に距離を置くことです。

これは「相手が悪い人」というわけではなく、単に今のあなたの波動とは違うというだけのこと、種類が違うのです。

噛み合うようになれば新しい関係が始まる（または戻る）こともありえるので、自然に離れた人のことを無理に追う必要もありません。「去るもの追わず」が、お互いにとって良い結果になるのです。

精神レベルが上がると、人間関係が一新される

その人の波動が大きく変わると（精神レベルが上がると）、人間関係にも動きが起こります。これまでまわりにいなかった新しい種類の人と出会ったり、あなたが居心地良く感じる人や、新しい刺激を受ける人と出会うこともあります。

同時に、これまで不快を感じていた人が自然と離れるなど、違和感がありながらそのままになっていた人間関係などにも動きが出てきます。

これらのことは、すべて自然な流れの中で起こります。

たとえば、違和感がある（なんとなく違う）と思いながらも近くにいた人がトラブルを起こして、結果的に向こうのほうから離れる（離れてくれる）ことになっ

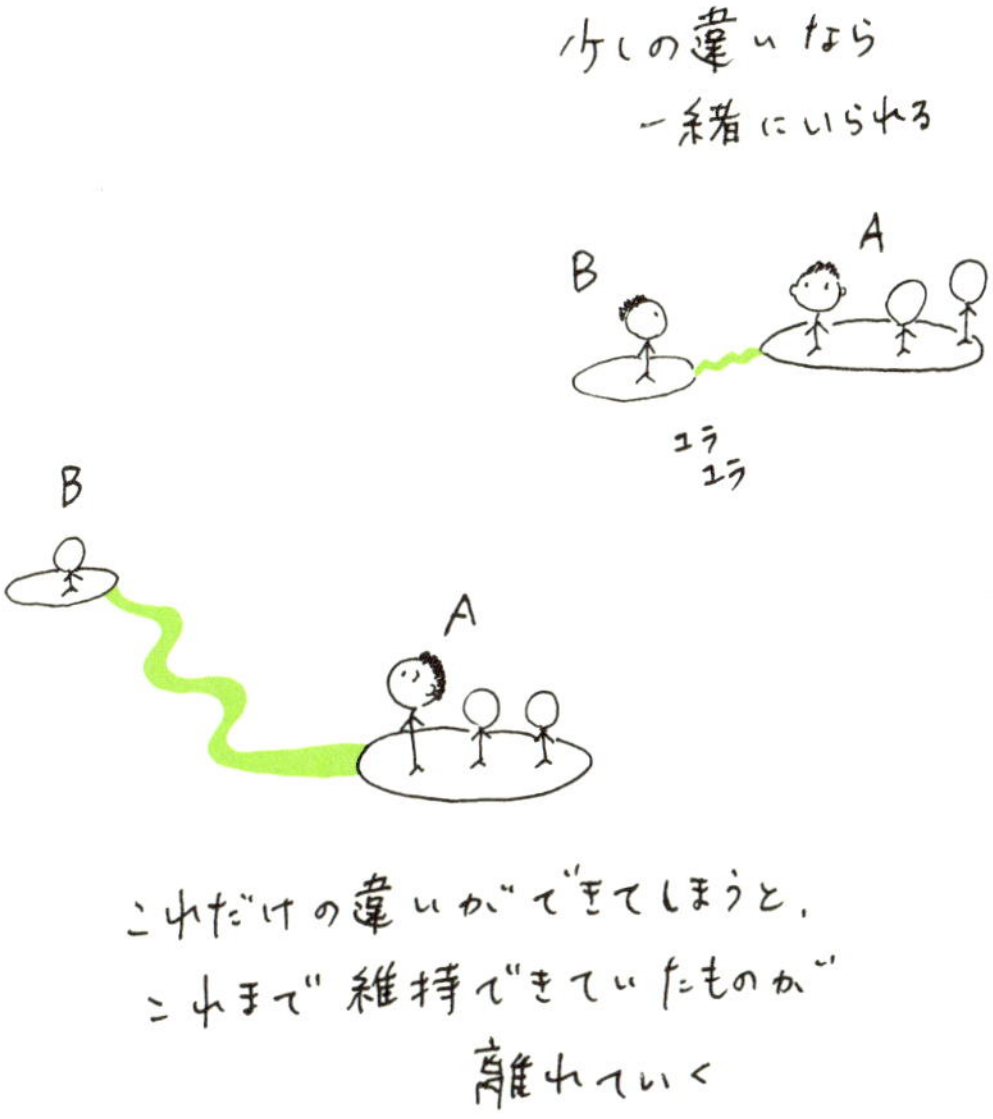
少しの違いなら
一緒にいられる
B
A
ユラ
ユラ
B
A
これだけの違いができてしまうと、
これまで維持できていたものが
離れていく

たり、相手の事情が変わって去っていったりなど、自分から動きを起こさなくても、結果的に整理されるようなことが起こります。

こういう場合、それに代わる新しい人（より的確で居心地のいい人）がすぐに見つかったりもするのです。


また、まとまった人数（グループ）として動いているときも、そのグループ全体の波動と合っていない人は、いずれ離れ（はじき出され）ます。

たとえば、共に活動をしているグループ――同じ会社の社員として、同じイベントや企画に向かう仲間として、同じ学校の父兄として……など、自分の身近なグループを思い浮かべてください――そのグループの人たちが、その活動に関わっていることを楽しみ、まわりの人や対象相手が明るくなるように、楽しめるように、幸せになるように、という基準で動いているとします。

そのグループの中に、相手の足を引っ張ろうとしたり、損得で判断するような違う基準で動く人がいれば、いずれその人がトラブルを起こすことは目に見えていますよね。その人自身も違和感があるはずなので、離れることはお互いにとって必要なことなのです。

それが、精神レベルが上がると自然な流れで起こります。

この波動の違いは、表面や外見で判断できるものではなく、感じるものです。

言葉では同じようなことを言っていても、本当の意味で波動がずれていると、長く一緒にいれば必ず不和が起こります。

でもそれは、離れたほうがお互いにとっていいということ、だからこそ、離れさせる問題が持ち上がるのです。


ある人が、なにかを境に、まるで人が変わったように見えることがありますが、それは心（波動・精神レベル）が変わった証拠です。なにかに気づいたことで心が変化し、その変化が外見まで変えたように見えるのです。

もっとスピリチュアルな言い方をすれば、大きく心が変わると、実際に顔が変わります。ギラギラしたものがなくなったり、柔和で穏やかな顔つきになるなど、外側までも変化させるのです。「顔相」というものがあるのも、もっともなことですよね。

震災以降、物事の動きが加速した

東日本大震災は、多くの人たちの考え方に影響を与えました。それは、悲惨な状況を目の当たりにして考え方が変わるというような直接的な影響だけではなく、目に見えない影響も受けているからです。

あれだけ大きな地殻変動が起これば、その土地の磁場やエネルギーは変化します。地球も人間も、同じ自然サイクルのなかにある同じ生命体である以上、自然環境に変化が起これば、それに連動して人間にも変化が起こるのが当然です。仮にあの地震が、「人間たちに大事なことを気づかせるため」という意図を持っていたのだとしたら、なおさらです。

地震の前後に突然体調が悪くなったり、感情が不安定になったりした人の報告が多々あるのも、見えないレベルでなにかの影響を受けていた、なにかを感じとっていた結果でしょう。

エネルギーが大きく変わった結果、物事の展開が加速していることを感じます。簡単に言うと、良いものはスピーディーに実現され、悪いものは膿みが出て消えていくのです。

「良いもの」の基準は、「地球や人類にとって、愛のある波動の活動か」ということです。地球や人類を幸せにする波動のものは宇宙に応援されるので、あっというまに人が集まり、方向性が見え、具現化されていきます。

これは、「平和への活動を直接的に起こす」というような種類のことだけではありません。前述の人間関係のように、必要なものは残り、エネルギー（波動）の違うものは去る……というような動きが、以前よりも早くなったのです。

これまでは許されていた曖昧な部分がなくなっていくのでしょう。のんびりしている暇はなく、迅速に整理されるのです。人を出し抜く種類の競争、比較、搾取、偽りで成り立ってきた組織（人）の膿みが、これまで以上に出てくるのもそのためです。

大勢の意識が覚醒されている

大地震によってエネルギー（波動）の質が大きく変わったことで、それぞれの人の方向性も、はっきりと分かれてきました。一瞬で大きなことが動くのも特徴です。ずっと同じところを堂々巡りしていた人が、突然物事の真理に気づいたり、やりたいと思っていたことに進みだしたりしています。

このあいだまでAと言っていた人が、「本音で考えて、やっぱりBにした」と、180度反対の選択をすることもあります。

地震以降、

・これまで迷っていたことの答えが出た
・勇気がなくてできなかったことをやることにした
・停滞していた物事に動きが出た
・自分の本当にやりたいことがわかった

というように、新しい動きが起きている人もたくさんいます。

長いあいだ見ないふりをしてきたことを整理したり、新しい決心をしたりすることで、大きな出来事の結果が出ることもあります。今まで目に見えないものを否定していた人たちが、急にそこに理解を示したり、もともと敏感な人が、ツボやチャクラが開いたかのように、さらに敏感になったりもしています。

すべての人の波動が変わったことによって、生活に動きが出ているのです。

これまで、「平和」をモットーにした活動をしてきた人たちは、個人でも企業でも、ますますその活動を活発にさせ始めました。

「アジア平和、世界平和」というようなことを口にする人も増えています。

それぞれの日常生活で、本当の幸せや安らぎ、心の平安などに目を向ける人も増え、みんなの視点が、より幸せを感じるものへ、人類の平和へつながるものへと変わっているのです。

意識改革をされた人（波動が変わった人）がたくさん集まれば、これまで以上の早さで国全体を動かしていくことにつながります。

同時に、「調和」や「平和」とは逆の方向で進んでいた組織（や人）の弱点や、これまで隠されていた事実などが露呈したことによって、そこに文句を言い、人や環境や体制の批判をして、未来への悲観だけで暮らす人も増えるでしょう。

日本全体が揺さぶられて波動が変わったことによって、「地球人」としての意識が改革されて、宇宙に応援される生き方をしていく人たちと、逆の方向へ加速する人たちの差が開いているのです。

2012年頃に世界が終わるとされている意味

以前から、2012年（頃）に地球になにかが起こることを示す情報を、よく耳にします。「マヤ暦」をはじめ、「日月神示」や世界中の各種予言で、ひとつの大きなサイクルの終わりを迎えるのが２０１２年であり、その時期に人口が減らされるような事件が起こること、天体周期による大きな変化もこの時期に重なっていることなどが言われています。

実際になにが起こるかと考えたときに、地球が大爆発して人類が滅びるとか、かつてのムー大陸のように大陸が水没するというようなことが起こるわけではないと思います。多くの予言で言われているように、この時期に人類の意識の大変革が起こること、意識が上昇（次元上昇）した人が救われること、意識の浄化がなされる、ということだと思います。

意識が上昇（覚醒・レベルアップ）した人……新しい意識になった人が地球規模で集まれば、まったく新しい地球になったのと同じことです。目に見える外側としては数年前の地球と同じであっても、なかの意識が変われば、それはもうまったく別の地球になっているはずです。

また、このような意識の変化は２０１２年の○月○日ちょうどに起こるわけではありません。２０１２年に向けてゆっくりと進んでいるもの……数年前から、意識の覚醒や変化が起こる人が増えているのも、この２０１２年に向けての変化のひとつといえると思います。

過去の予言に無理に現状を当てはめることはしたくありませんが、やはり、それらの内容が2012年に集中していることには、なにかの意味があると思います。

面白いことに、伊勢神宮の次回の式年遷宮《しきねんせんぐう》は2013年、意識が覚醒して新しい世界になったときに、伊勢神宮も再生するのです。

第2章

直感で生きる

愛ってなに？

東日本大震災は、「愛」とはなにか、「愛を基準にした行動」とはどういうものかを多くの人が体験するきっかけにもなりました。各状況下で、それぞれの人が「愛」に基づく行動を、自発的に自然に実行したのです。

地震当日、栃木県在住のEさんは、自宅で子どもたちと一緒に過ごしていました。次第に揺れが大きくなり、子どもたちと一緒に外に飛び出すと、隣の家の老夫婦がEさんの手を握りしめて言うのです。

「一緒に頑張りましょう！　これからは力を合わせて……」

その老夫婦は、これまでにいろいろな問題を起こしていた近所の厄介者で、隣に住んでいるEさんは数々の嫌がらせをされて、ストレスをためていました。

でもその瞬間、とっさに手を差し出して握手を返し、それ以降いつも相手の状況を気遣い協力し合っていると言います。まともに口をきいたこともなかった者同士が、大きなこととの前では手をつながざるを得なくなる……これを機会に、お互いの思い込みや偏見をなくしてつながったのです。

地震から数日後、東京在住のHさんの家に、ある女性が訪ねてきました。その女性は、Hさんの子どもと同じ小学校に通っていた生徒（しかも、当時Hさんの子どもをいじめていた生徒）の母親でした。

「親戚が被災して東京に逃げてきたけれど、車を停める場所がない、近所に空いているスペースがあったら紹介してもらえないだろうか」という必死のお願いでした。それを聞き、Fさんはなんの迷いもなく自宅のガレージの空いている場所を貸し出すことにしました。両方にとって、これまでの経緯からは考えられない愛の行動の結果です。

地震当日、交通手段を失い、歩いて自宅に帰った多くの人たち（帰宅難民）に、途中の道でお手洗いを解放していた一般住宅、飲み物やタオルなどを分けてくれた人たち、料金を払わずに乗せてくれたタクシー……似たようなことは、各地で起こっていたと思います。地震をきっかけに、表面的な付き合いや過去の出来事にとらわれることなく、今ここにある「人間」という共同体として、「魂」でつながった結果です。まさに「愛を基準にした活動」ですが、それを誰かに強制されることもなく、あの瞬間に多くの人が実践したのです。

「愛」という言葉になったとたんに敬遠したり、逆に聞きなれている言葉として軽く感じてしまったり、「愛や人類愛って、結局どういうこと?」と思っていた人たちも、「それこそが愛です!」という行動を知らぬ間にとっていたのです。

そして素晴らしいことに、このような「愛」の行動は、それを聞いた人や知った人に化学反応を起こしてどんどん広まっていくのです。

自分の感覚で動いていい

前述の「愛の行動」は、誰もが本能的にしたことです。

どんな人でも、自分のなかに「愛」の部分があるからです。

それが日常生活になると、世間の常識やしがらみ、相手との関係や過去の歴史など、いろいろなものが邪魔をして出てこない……、一瞬「愛の行動」に意識がいっても、頭で考えたことが優先されて行動に出にくい……つまり、頭で考えているとき、「愛」の行動はできにくいのです。

緊急事態になると、頭より先に本能が幸せになる行動を選びます。生命の生きていく力として、それが幸せになる方法だと魂が知っているからです。

誰でも本当は、幸せになる方法を知っているのです。


これからの時代は、この「心の底で本当に感じていること」を基準に動く人がうまくいく時代だと思います。

言葉を換えると、「直感」です。

直感とは、自分の心でふと感じる「本音の感覚」のことです。

なにかを見たとき、聞いたとき、知ったときに、「あ！　それいい！」とパッと心が明るくなったり、逆に「なんだか違う」とモヤモヤすることがありますよね？　それが直感です。

説明できる理由がなくてもそう感じるときは、宇宙が（潜在意識が、神様が、見えない叡智が）、今のあなたに必要な情報を教えてくれているときです。

それを「未来の情報」と捉え、その感覚のとおりに選ぶ……つまり、「好き、いい、ワクワクする」というような、心が「快」を感じることを選び、「嫌い、気持ちが乗らない、モヤモヤする」というような「不快」を感じることは選ばない、ということなのです。

あの地震のとき、多くの人が本能的に、心が「快」になる行動へ反応して動いたように、です。

直感を日常生活でためしてみる

「ふと感じたこと（直感）」を理由になにかを決めるのは、小さなことならできますが、大きなことはなかなか難しいものです。それが本当にそうなる（当たる）という確信がないからです。

私は自分の生活で実験をするので、はじめは小さなことから、次にだんだんと大きなことでためしました。

たとえば、なにかの集まりに誘われたときに、自分の本音の感覚で「あまり気が乗らない」と感じたとします。集まりの内容や、そのときの自分の体調や状況など、気が乗らない理由はとくに思いつかないのですが、それでもそう感じたとします。

このときためしに行ってみると、やはり「それほど楽しくない、気を遣って疲れる、盛り上がらない」という状態で帰ってくることになります。

もちろん、行く以上は「せっかくだから楽しもう」と気持ちを盛り上げて参加しているのに、です。

逆に、まわりの誰も行かなくても、それまで興味のなかった種類のことでも、「それ、いいかもしれない」と心が反応したことにためしに出かけてみると、思わぬ人との出会い（または再会）があったり、話が盛り上がったり、自分の中でなにかを思いつくきっかけになったりします。

もう少し大きなこと、仕事などでも同じです。

なにかを依頼されたときに、感覚で「それはいい気がする」と感じたとします。このときのイメージは、それを聞いているうちにどんどん「良い感じ」がしてきて、笑顔になってくる感覚です。

実は、話の内容にはあまり関係ありません。関係ないのではなく、その場の雰囲気、相手のイメージ、自分の状態、すべてが影響し合って「それ、いいなあ」と感じているのです。

そのように感じたものにはそのまま進んでみると、必ず良い結果となります。最終的に「本当に良かった、楽しかった」と、たずさわる誰もが同じように感じるのがわかるのです。

逆に、「なんだか気が乗らない」と感じるときもあります。このときもなにが原因かはわからず、相手が悪いわけでも、内容の問題でもありません。ただ、そのときの感覚です。実験なので、このときもためしにそれに進んでみると、途中で思いがけないことが起こって中止になったり、メンバーが入れ替わったり、形になっても気持ちが残るなど、結局、一番はじめに感じていた感覚のとおりに終わるのです。

このようなことを繰り返すうちに、**あの一番はじめにふと感じることは、「自分がその物事に進んだときに未来に起こることを、事前に教えてくれているんだな」と思うようになりました。**

教えてくれている根源は、なにか「目に見えないもの」です。宇宙なのか、偉大なる叡智なのか、深層心理なのか、守り神のようなものか、なにかはわかりませんが、それを人間の私たちは「ふと思う」という方法でキャッチしているのだと思います。そうでなければ、なぜ理由なくそう感じるのか、なぜ実際にそれに近い結果になるのか、理由がわかりません。

この感覚は自分だけの感じ方です。その物事を選んだらすべての人がそうなるということではなく、他の人がそれを選べば別の展開をするかもしれません。つまり、今のあなたにとっての情報なのです。ですから、他の人に同意を求めてもわかってもらえないときもあれば、同意を求める必要もないのです。

そして、これは誰にでもある力です。本能として誰にでも備わっているものですが、普段、その感覚に素直になる練習を体験しておかないと、いざというときに実行できなくなるのです。

頭で考える理由を優先しない

前述の「なんだか気が乗らない」と感じるとき、必ずやってくるのが、人間の頭で考える常識的な判断や思い込みです。

たとえば、自分の気持ちは乗っていないのに、

・やっておいたほうが得かもしれない

・時間があるからできるかもしれない
・あの人に頼まれたから仕方ない
・世間では（常識）では良いとされているから大丈夫だろう
・みんなが勧めているから、やってみよう

というような、頭で思いつく「やるべき理由」を考え始めると、宇宙（情報をくれているもの）とのつながりが薄くなります。本音で感じている感覚から遠ざかるのです。

直感の
邪魔
頭で考えていること

条件を考えた上で直感を利用するには？

上記のような「頭で思いつく理由」を考えたときに、「それならやろう!!」とすぐに明るい気持ちに切り替わるのであれば、それを選んでもいいのです。

条件を無視するということではなく、「条件を加えた上で、最終的にどちらのほうに気持ちが傾くか、その気持ちに素直に選ぶ」という意味なのです。

AとB、ふたつの集まりに誘われたとします。

感覚では、Aのほうに「行きたい」と感じたとします。でも頭は、「Bに行ったほうが仕事の広がりがあるかもしれない」と思ったとします。

直感を使うというのは、こういうときのBの考えを無視する、見ないようにする、という意味ではありません。

「Bのほうが広がるかもしれない」と考えたときに、すんなりと「それならBに行こう!!」という気持ちになれば（Bに「快」を感じれば）、本音の感覚がBを押しているということです。

Bのほうが広がるかもしれない、それなのになんだかAが気になる……こういうときに、その感覚を無視してBを選ぶともったいない、ということです。

「AにはBを上回る条件が思いつかない、それなのにAが気になる」なんて、すごいことだと思いませんか？　理由がないのにそう感じてしまう意味があるはずなのです。

まわりの意見、アドバイスは聞かなくていい？

直感（本音の感覚）でなにかを選ぶとき、意外と落とし穴になるのが「まわりの人の意見」です。大きな決断になればなるほど、自分だけの判断（しかも、「なんとなく」というあやふやなもので）決めるには勇気がいります。

たしかに人の意見は大切ですが、他人は他人の価値観と状況でアドバイスをしてきます。価値観の合う人、普段から信頼している人に相談したとしても、それを選んで体験していくのは相手ではなく、あなたです。

「それはやめたほうがいいよ、なぜならば〜」とアドバイスをされたとき、相手がそこに進めば本当にその結果になるかもしれませんが、あなたが進めば違う展開になるかもしれません。

また、それを選んだことによって起こりうる危険や、注意すべきことなどを、その人の経験から伝えてくることもあるでしょう。たしかにそれは本当にありえる危険なことかもしれません。ですが、それもやはりすべてがそうなると決まっているわけではなく、あなたにとっては違うかもしれないのです。

人の経験で判断するのであれば、すべての人にリサーチをして、多数決で決めることがうまくいく方法になってしまいますが、可能性の薄かった（とまわりが思い込んでいた）ことがうまくいった例も、世の中にはたくさんありますよね。

思わぬことに進んでなにかを実現させる人は、その途中で「常識ではこっちだけど、違うほうを選んだ」という選択をしていることがたくさんあります。そして、それを選んだ理由を突き詰めていくと、「そっちに気が動いたから」という単純なものであることがほとんどです。

「あえて、まわりと違うものを選ぶ」とか「可能性の少ないほうをとる」というような難しい作戦やルールではなく、単に「なんとなくそっちが良かった、そっちのほうがいい気がした」という「感覚」なのです。

外に発表するときは、もっともらしい理由が必要です（それで隠してもかまいません）が、本当は自分の感覚だけということがほとんどであり、それが一番の情報なのです。

あなたが本心から「それをしたい！」と思うことが出てきたときは、少々まわりの反対があっても「やりたい！」と思いますよね。「反対されてガッカリする」という場合が、それを表していると思います。どっちでもいい程度のことであれば、反対されてもガッカリしないのです。

つまり、**まわりの人の意見は、自分の気持ちをはかるバロメーターです。**

相手の意見を聞いたときに簡単に気持ちが切り替わり、それによってスッキリするのであればその意見のとおりにしていい……、でも本当はやりたいと思っているのに、「こうなったら困るから」という「恐れ」で選択をすると、せっかくの直感を生かすことができなくなるのです。

選択の動機を、いつも「うれしい、居心地がいい、ワクワクする、スッキリする」というような明るいものにすることが、直感を利用するコツです。

即決しなくていい、情報を待つ

直感というと、その場でパッとひらめいて素早く判断する、というイメージを抱く人もいるようですが、その場で即決する必要はありません。

とくに、自分の本音の感覚に自信の持てないうちは、その感覚を持ったまま、しばらく時間をおいてみることです。

あることに進むかやめるかを迷っているとき、本音（直感）では進むことに違和感があるとします。でもまわりの人たちは勧めてくるのでわからなくなる……こういうときは、少し時間をおいてみます。

するとそのモヤモヤの気持ちがどんどん大きく膨らむはずです。時間が経つごとに、理由のわからないモヤモヤが大きくなる、いつまで経っても消えないことに気づくはずです。

また、しばらく時間をおいているあいだに、シンクロニシティ（意味のある偶然の一致）が起こるときもあります。

AとBで迷っているとき、直感がAと知らせているときにはAに関係あることばかりが集まってくるのです。Aに関係のある話、人との会話に出てくるAと似ている話、ふと目にとまったことがAを暗示させる……など、「あれ？　またAの話だ」と感じる現象が集まってきます。

はじめのうちは、とても不思議に（または面白く）感じると思います。

「自分が考えているから目がいくのだろう」とも思うかもしれません……まさに

それなのです。深層心理でそれを意識しているから（Ａという波動を出しているから）Ａが集まってくるのです。

つまり、シンクロニシティによって、あなたの心がどちらに傾いているかがわかります。

時間をおくときに気をつけることは、頭で考え続けないことです。

頭で考えれば、「常識的な理由」ばかりが浮かんできます。

人にはそれぞれ考え方の癖があるので、過去の失敗や自分の弱点など、目の前のことには関係ないことが引っ張り出されてくる場合もあるでしょう。

「どちらがいいのか、どっちが答えか」などと考え続けることをやめ、頭を休めてゆるい状態でほうっておくことです。

「いずれ答えは出るだろう」と忘れておくこと。その問題を一度別のところに置いて、目の前の日常をこなしていればいいのです。

忘れていたように思っても、宇宙が情報を教えてくれるときは、あなたにわかりやすい方法でやってきます。

シンクロニシティが起こるときも、「あ、これがあれの答えだな」とわかるようになるのです（シンクロニシティの詳しい仕組みについては『やっぱりこれで運がよくなった！』［廣済堂出版］を参考にしてください）。

中心にいるあなたは、いつも波動の発信機です。

あなたの波動にふさわしい人を自然と引きつけてくる仕組みと同じように、あなたが深層でAという波動を出していれば、Aに関係あるものがやってくるので、どちらを選んでよいかがわかります。

まわりに起こる自然現象や人との会話、ふと目にする物に形を変えて、今のあなたにたくさんの情報を届けている……まわりに起こる物事はみんなつながっているのです。

気が乗らない、という感覚も宇宙からの情報

直感を利用するには、「気が乗らない」というような曖昧な感覚も宇宙からの情報である、と認めることです。

気が乗れば物事がスルスルと進むように、「気が乗らないときもある」ということです。

日本人は真面目なので、気が乗らなくても努力をします。気が進まないのに頑張ることを努力と勘違いしがちです。

また、すぐに「ルール」をつくりたくなりますが、どういうときに気が乗るか（＝それに進んでいいか）をルールにすることはできません。感覚の問題だからです。たとえば、同じものに「先月は気が乗ったけど、今月になったら乗らなくなった」ということもありますよね？　それはあなたの気持ちがいい加減だからではなく、時間が経ったことで、その物事の流れが変わったからです。

直感は、その物事の時期やタイミングなど、すべてを合わせてその人にとって良い流れになるときに「それはいい♪」と感じさせてくれます。

つまり、1カ月ずれれば、すでにタイミングとして違う流れになっていることもあるのです。それをきちんと感じとっているから気持ちの変化が起こるのであり、そのときのそのままの感じ方が情報なのです（逆に言えば、だからこそ、「いい！」と思ったときはすぐに動かないと流れが変わるのです）。

よく、「あんなにやりたいと思っていた気持ちが、しばらく経ったら消えてしまった」とか、「あんなに結婚したいと思っていたのに、タイミングがずれたら同じ人に同じように思えなくなった」というようなことがありますが、あれも、すべてのタイミングを合わせた上での情報であり、まさに「気（流れ）が変わった」のです。

「運が良くなるコツ」として、「流れるように動かないときは無理強《じ》いしない」というものがありますが、これも前述のように、物事にはこちらの流れと相手の流れがあるので、相手の流れがそろっていないときに動くと良いことにはならない（だから動く必要はない）、ということです。

アメリカで同時多発テロである（とされている）9・11事件が起きたとき、マンハッタンに行く予定だった友人たちのなかには、「なんとなく行きたくなくなった」という曖昧な理由で事前に予定をキャンセルし、テロに巻き込まれずに済んだ人たちがいました。

後で振り返ると大きな結果になったこのような直感を利用するには、日頃から「なんとなく気が乗った（乗らない）」の感覚に素直になっておくことが大切です。「気が乗る」という基準の動きはできても、「気が乗らない」の基準の動きは自分の我がままのように感じて、素直に実行するのが難しい人もいるでしょう。「一度決めたことだから」とか、「苦手な部分を克服しなくては」など、自分を奮い立たせることも多いはずです。そこまで固く守る必要はないことなのに、です。

うまくいく人は、この自分の感覚にとても素直です。その感覚に沿って、柔軟に方向転換をすることができます。

はじめから自分の感覚で決定をしていれば、途中で小さな変更はあっても、大きく物事をひっくり返さずに済みます。**むしろ、はじめに本音を無視して進んだほうが、後になってたくさんの人を巻き込む変更が必要になるのです。**

大きな物事ほど、中心にいるあなたが「それはいい！」と感覚として思っているほうへ進んだほうが、結果的に全員にとって良いほうへ動くのです。

ゔ〜ん
はじめに素直になっておかないと、後の方が大変だよ。
結局、その気持ちは残るよ

もし、ふたつ（以上）のことについてどちらかに決めなくてはいけないときに、「どれに対してもワクワクしない、心が反応しない」という場合には、「どちらにしたほうが憂鬱にならないか」という選択基準も効果的です。どちらにしたほうがモヤモヤがなくなるか、心がスッキリするか、を基準にしていいのです。

進むかやめるかの判断も、「もしそれが全部なくなったら」という気持ちを想像するとスッキリするか、それとも心残りがするか、「そっちになったときの気持ち」を思い描くのです。

「そっちがいい気がする」と感じるのは、その物事の「気」を感じているからです。「嫌な気がする」というのも、その「嫌な気」をきちんと感じている証拠であり、気が乗らないのは「気」が乗っていないのです。そんなときにそれに進んでもうまくいくはずはありません。

「気が乗らない」という理由でなにかを選んでいいのです。

あなた自身が思いつくことが、あなたにとってマイナスのことであるはずがありません……自分の感覚に自信を持つことです。

頭で考えた「良い、悪い」で選ばない

心が「快」を感じるほうに選んでいくというのは、世間から見た「良いか、悪いか」「正しいか、正しくないか」の基準で選ぶこととは違います。

結果的にそのような判断と答えが同じであっても、その動機はもっと単純に「それをすると気持ちがいいから」「それをするのが好きだから」「それをすると心が晴れ晴れするから」という感覚なのです。

どんな物事でも、反対側から見れば逆の見方や意見があります。Aさん側から見ればAさんの意見がもっともでも、Bさん側から見ればBさんの「正しい」があり、それはその人の価値観によって変わります。

その国の人間として生きていく以上、法律に触れることや犯罪とされることのルールは守らなくてはなりません。ですが、「犯罪」とされることに進んでいるとき、心がすがすがしくなり、湧きあがるような喜びを感じている人は少ない（い

ない？）と思います。

仮に感じていたとしても、なにかへの復讐や正義（と思い込んでいる仕返し）、自分のことを認めさせようとする心、相手を困らせようとする心などが、やる気の原動力とすり替わって勘違いをしているだけです。マイナスの気持ちから生まれている行動は、それを達成してもまた次の恐れを感じるので、本当の幸せ（快）を感じることはできません。


たとえば、「相手のためを思って」という場合にも、その裏側に、相手を変えようとする思い（相手のことを考えているようで、実は自分の欲）や苦しい使命感などがあると、本当の「快」からは遠ざかります。

企業経営者が「お客様や、そこにたずさわる人たちの幸せを考えて……」というスローガンを掲げている場合がありますが、それは、「それが正しいから」というよりも、それをすることで経営者自身が楽しさを感じているからです（そうでなければ相手にも負担になり、結果的に長く続けることはできません）。

考えてみてください。あなたがお花屋さんだとして、自分のつくったお花でお客様が喜ぶ姿を見るとき、それが世間で「良いこと」とされているからそうしているのではなく、単純に「その顔を見ることがうれしいから」ですよね。

もし、「そう思えるなんて、えらい」と言われたとしても、それに関係なく、自分の心が「快」になるからしているだけのことです。この状態にある人は、その輝く姿がまわりの人にも影響を与えるので、自然に人が集まります。

まわりの人に影響を与えるのは、その本人がいかにその活動に心からワクワクしているかです。

気持ちが楽になるほうを選ぶ

直感のとおりに動いたほうが、心が「快」を感じて楽になります。

「快」になる選択基準をもう少し詳しく書くと――、

それを選ぶと、また考えると、

・ワクワクする。楽しくなる。ファイトが湧く
・いい感じがする
・穏やかな気持ちになる
・明日からの生活（または人生）が素晴らしいものに感じる
・スッキリする
・楽になる

かどうかです。

「楽になる」という基準は、「楽＝だらしがない、なまけている」と捉えている人にとっては難しい選択基準かもしれません。でもそれは、小さい頃からの刷り込みや、日本人の教育の洗脳によるものであることが多いのです。

気持ちが楽な状態で進められることは、苦しさを感じながら進めることよりも、あなたの本来の力が発揮しやすくなるので、あなたにとっても相手にとっても効果的に物事が進みます。

ゆるく、居心地良く
楽な状態の方が
より効率的に
集中できる
自然に努力できる

「楽＝逃げる」につながらないかと心配する必要はありません。

今解決しなければならないこと、向き合わなくてはいけないことから逃げようとした場合、そこで感じている「楽」は本物ではない、ということに必ず本人が気づきます。

直感で感じる「楽」は、気がかりなことがなにもない状態です。たとえて言うなら、心がフワーっと解放される感覚です。

向き合わなくてはいけないことから逃げる「楽」は、そのときは一瞬楽になっても、それが心に残ったり、解放されるどころかいつまでも捕らわれてしまったりするでしょう。

楽しいことや気持ちが「楽」なことを、まるで悪いことのように捉えてしまうのは、とてももったいないことです。気持ちが楽になっていると、より創造的になり、日々の出来事も楽しめるようになります。ストレスなく、あなたの力が全開になるのです。

トラブルが起きたときも、「快」を感じるほうを選択する

トラブルが起きたとき（こじれたとき）も、心が「快」を感じるほうへ選択していくことです。**本音で「快」を感じること、あなたの気持ちが楽になることが、「愛」の解決方法なのです。**

トラブルの種類は100人いたら100通りなので、すべての例をあげることはできませんが、どんなときも、「心が幸せやすがすがしさを感じるか」で選ぶことです。「面倒なことや大変なこと、不快を感じることに、わざわざ突進しなくていい」とも言えます。たとえば、

・相手を変えようとする（でも変わらない）苦しさよりも、変えようとせずにそのままにしておくほうが、あなたのストレスが減りませんか？（相手は、いつか自分で気づきます）
・仕返しの策を練る苦しさよりも、そのまま離れて「なかったこと」にしてあげるほうが平安を感じませんか？（相手は、必ずまいた種を自分で刈ることになるから大丈夫です）
・グサッと相手を刺すするどい言葉よりも、やる気が出る方向から伝えたほうが、言った後のあなたもいい気持ちがしませんか？（その言葉を使うと、あなたにも返ってきます）

・なんでも「こだわり」や「権利」を主張するより、小さなことはどっちでもいいと思ったほうが、生きるのが楽になりませんか？
・ゴチャゴチャしたことの中にわざわざ入っていくよりも、相手（または流れ）にまかせたほうが楽ではないですか？
・他人の不幸を望むよりも、自分が幸せになることに時間を使ったほうが、楽しくないですか？

なにかの問題が発生して行動に出るとき、「これをすることで、自分の心は明るくなるかな？」と考えればいいのです。「正義を主張するふりをして、わざわざ自分の心が苦しくなることに突進していないかな」と考えるのです。

相手が自分の大切な、愛する存在であったら同じことをするかな？……と置き換えてみるのも効果的です。

実は、それが「愛の行動」につながっています。「愛」と意識するとわからなくなりますが、「それによって、本当に気持ちがさわやかになるか」と考えればいいのです。

これは道徳的に良いとされていることや、「素晴らしい生き方」などを伝えようとしているのではありません。そのほうが「自分の気持ちがいいから」です。

つまり自分のためにしていること……あなた自身の気持ちが良くなれば、心の波動は上がり、より良いものを生活のなかに引きつけるからなのです。

拙著『あなたは絶対！　運がいい』のなかで、「自分の生活でプラスのパワーをためると運が良くなる」という仕組みを書きました。このプラスのパワーのなかには、「まわりの人にちょっと思いやりを持つ、親切にする」というものがありましたが、あれも結果的に、そうしたほうがあなたの心が「快」を感じるからなのです。決して、「そうすべきだから」とか、「人としてそうあるべきだから」という「～すべき」の理論ではなく、そのほうが自分の気持ちがいいからです。

あなたが気持良くなることで波動は上がり、それにふさわしいことがまわりに起こるので運が良くなるのです。

不快を感じる情報はシャットアウトする

「快」を感じることを選ぶ……これは、なにかで迷っているときだけの基準ではありません。目に入るもの、聞くもの、自分の感覚に入ってくるすべてに対して、この基準でいいのです。

たとえば映像について、誰でも残酷なシーンや極端に暴力的なものは嫌なものです。暴力的なシーンの多い映画を長時間見ていると、見終わってからしばらくのあいだ、自分まで破壊的な気持ちになっていることがありませんか？

逆に、きれいでうっとりする映像を見ていると、自分までフワフワと「そのつもり」になり、優雅な気持ちになりませんか？

インターネットでも、「悪意のある書き込み」や、誰かを傷つける目的で書かれたものを読んでいると、それだけで気持ちが沈むと思います。たとえ、書き込んだ人の名前すらわからない根拠のないものだとわかっていても、書かれている相手が自分の知らない人であったとしても、気持ちが暗くなりませんか？

その暗い気持ちを持ち続けて自分の生活に戻ると、その延長線で嫌なことを想像したり、なんとなく憂鬱になったり、普段の自分では考えないような変なことを考えたりします。その波動がエスカレートすれば、普段の自分にはないようなマイナスのことを思いついたり行動に移してしまったりする……、人の波動の質は、外から入ってくる情報で簡単に上下するのです（逆に言うと、映像やインターネットの世界は、大衆を一度に同じ気持ちに持っていかせる効果があるのです）。

地震と津波の後、テレビから毎日流れてくる被災地の情報を見ていると、どんどん気持ちが沈みました。現地の方々の気持ちに同調し、日本の未来へ暗い気持ちでいっぱいになりました。

現地の状況を事実のとおりに流すことはともかく、原発問題について無駄に不安をあおる情報は、私たちの気持ちを必要以上の焦りで満たしました。国による情報隠しの疑惑を持っている人たちが見れば、なおさら不安になったでしょう。

もちろん、報道には報道の役目があるので、「不確かな情報を流さないでほしい」ということを求めているのではありません。自分の判断で選別すればいいのです。

「これ以上見続けると、自分や家族の気持ちが落ち込み、明日の元気がなくなってしまう」「無駄に心配ばかりがつのってしまう」「復興に対しての活力もなくなってしまう」と感じた時点で、「見るのをやめた」という人たちが、私のまわりにもたくさん見られました。復興も支援も、する側が悲しみいっぱいで不安におびえていたら、なにも進まないからです。

放射能の被ばくを恐れて、今ある場所から一時的に脱出した人もたくさんいたと思います。映像やインターネットによる情報にあおられた結果です。

もちろん、人の行動は人の自由。その人の責任で動くのですから、他人が非難する必要はありません。ただ、どんな動機で脱出していたか、「恐れ」が動機ではなく、「快」が動機になっていたか、だと思うのです。

たとえば、今より安全（とされる）場所に移動したことで、心を立て直し、落ちついて今後の未来を考えることができる、東北支援について、自分にできることを希望いっぱいで計画することができるというようにイメージしたのであれば、それは「快」を基準にした動きです。

ですが、「被ばくしてしまう、自分たちだけは助かりたい」という「恐れ」で動いたのだとしたら、世界の果てまで逃げてもその「恐れ」は追ってくるでしょう。その人たちの波動が「恐れ」になっていれば、どの場所に行っても、そこで起こる「恐れ」の情報を拾い集めて不安になるからです。

同じことは、日常生活でも起こります。たとえば、就職（転職）活動をしている人たちが、「今の会社の環境が嫌、あの人が嫌、給料が嫌」というような理由で新しい職場を探していると、新しい職場に移っても、また以前と同じ環境になってしまうことがよく起こります。その人の波動が変わっていないので、別の場所でも同じような人や物事を引き寄せるからです。

夢を実現させるときも、「今が嫌だ↓だからこうしたい」という現状否定や、「こうなったらどうしよう↓だからこうなりたい」という「恐れ」の気持ちから夢を設定すると実現しにくくなります。

夢をイメージしているようで、「実現していない今」のことを考え続けているだけなので、その「恐れ」や「悲しさ」の波動と同じものを引き寄せ、いつまで経っても現状と同じなのです。

この情報過多の時代、あなたの心が必要以上に暗い気持ちになるものは意識してシャットアウトすることです。不快にさせるものをわざわざ拾い集めて暗くなる必要はありません。

情報端末から離れていても、直感やシンクロニシティを通して、あなたに必要な情報は必ず入ってきます。すべての情報端末を遠ざけるということではなく、あなたが「快」を感じるように利用すればいいのです。

波動を高める方法

どんなことでも、「人の心に芽生えたもの」からスタートします。

「空を飛びたい、空を飛ぶ道具が欲しい」と誰かが心に思ったからこそ飛行機が生まれ、「遠くの人と話したい」と誰かが思いついたから電話ができたように、あなたの夢が実現するのも、一番はじめにあなたがそれを思ったからです。たくさんの人に助けてもらったとしても、始まりはあなたの心です。

逆も同じです。暴力的な映像や心が暗くなる情報を見続けていると、「これくらいならしてもいいかな」というふとした気持ちが心に芽生えます。

そのちょっとした暗いエネルギーが、他の原因や環境と重なったときに大きな事件に展開します。つまり、誰でも事件を引き起こす要素は持っていて、なにかの拍子に、その心の中の暗い部分が拡大するのです。

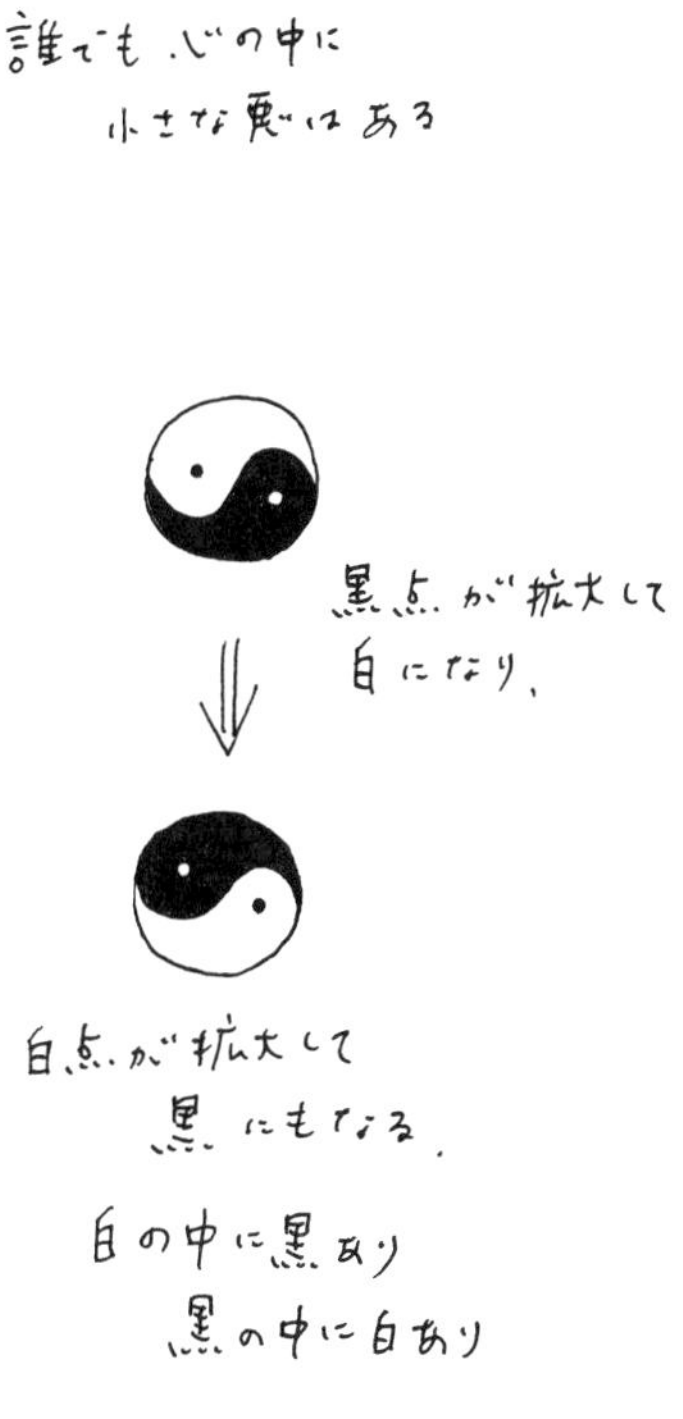
誰でも心の中に
小さな悪はある
黒点が拡大して
白になり、
白点が拡大して
黒にもなる。
白の中に黒あり
黒の中に白あり

どんなことも、行動に移す始まりは人の心の中の小さな思いなのです。

心が晴れ晴れしていると、夢や目標に対しても創造的に、新しいアイディアを思いつきます。直感（本音の感覚）に素直に向き合うこともできます。

つまり、いつも自分の心を「快」の状態にしておくことがポイントなのです。日常的なことで考えると、たとえば「休みたいときには思う存分休んだほうがいい」とされるのは、休んだほうがあなたが「快」を感じて、次の作業に情熱的な気持ちをとり戻せるからです。

気持ちが良くなる音楽や香りで部屋を整えることが「運気を上げるコツ」として出てくるのも、あなたの気持ちを「快」にしたほうが、すべてに対して流れが良くなるからです。癒しやリラックスは、誰でも心が「快」を感じます。

その他、日々の運気を上げる小さなコツとされているもの……「一番やりたいことから始める」「たまには部屋に花を飾る」「掃除をする」「小さな気分転換を用意しておく」というようなことも、みんなあなたが「快」になるためです。

その場しのぎではなく、みんなつながっているのです。

その場しのぎの効果じゃない。
「快」になっているときが
宇宙とつながっているとき
その状態のままで
別のことに向かうんだよ
ねェ
わかる？

パワースポットの選び方

直感で感じる感覚は、「あなただけの感じ方」です。

たとえば、「他の人は感じないようだけれど、なんだか『あの人』が気になる」ということが、良い意味でも悪い意味でもあると思います。

良い意味では、他の人にとっては違ってもあなたと接すれば面白い展開をしていくかもしれない直感であり、悪い場合では、他の人にとっては影響がなくても、今のあなたが関わりを持つと流れが悪い、という波動（質）の違いを感じているからです。

つまり、あなたが感じている感覚が、あなたにとっての「正解」なのです。

２０１０年に、『あなたの夢がかなう場所』（ポプラ社）の本の仕事で、ハワイのパワースポットを巡りました。

各パワースポットの意味や歴史を事前に知ってしまうと偏見が生まれるので、

事前情報は一切読まずにその場所を訪ねたところ、面白いことに「オススメ」とされている場所でも、「ここはなにも感じない」という場所と、「すっごく好き！また来たい」と感じる場所が出てくるのです。

私はとくに敏感なほうではないので、なにかの気配を感じるとか、なにかが見えるということではなく、ただ漠然とそう感じるだけですが、どの場所も青い空と海と緑に囲まれた最高のロケーションなのに、いつまでもいたいと思うところと、サラッと見て次に行きたくなる場所があるのです。

後から、各パワースポットの説明を読んでみて、なるほど……そう感じた原因がわかりました。

たとえば、「とくになにも感じない」と思ったパワースポットは、「火の神様、戦いの神様」などが祭られている場所でした。

当時の私の状況としては、それほど必要ないエネルギーだったのです。もし、これからなにかの闘いに挑んでいく人や、挑戦していく人が訪れれば、素晴らしいエネルギーを感じるのかもしれません。または「ここは好き！」と感じるのでしょう。

また、私が「いつまでもいたい、また来たい！」と感じたパワースポットは、新しく生まれ変わるという「再誕生の地」であり、そのときの私にとって、「まさにそれが必要！　今求めていること！」という場所だったのです。

そのときの自分の感じ方は、自分に必要なものをきちんと伝えているのです。

日本の神社仏閣を含めたパワースポットとされる場所は、全体の気のバランスや流れが良いところですが、その中にも、「ここが好き、居心地がいい」と感じるところがあると思います。その場所こそ、あなたにとって縁がある「特別な場所」なのです。

私が訪ねた神社のなかにも、「どうしてここがそんなにオススメなのかわからない」というようになにも感じない、むしろ、暗く沈んだように感じる場所もありました。そのとき、雨が降っていたからかもしれません。でも雨のおかげで、洗い清めたようにすがすがしく感じるときもあることを思うと、雨が気持ちの原因ではないのです。どんな理由だろうと、「暗い、沈んだ」と感じたことに意味があるのだと思います。

パワースポットとされている場所ではなくても、行くだけで気持ちが安らいだり、ここに来ると落ちつくという場所、逆に、あそこはなんだか苦手、あまり行きたくない、と思う場所もあると思います。

居心地の良い場所は、あなたの波動を高めてくれるパワースポットになり、「なんだか苦手」と感じる場所は、あなたの本音が「行かなくていい」ということを教えてくれているのです。自分の感覚のとおりに選んでいいのです。

物との出会いも同じです。

10年以上前、我が家に「物のエネルギー」を感じとれる人が来たことがありました（神道の系統である、かつて神職についていた人でしたが、詳しいことは覚えていません）。

その人が、「これと、あれは、ものすごくエネルギーが良くて、この家の運気を上げている」と選んだものは、両親共にとても気に入って購入した物であったり、父が新しい事業に進み、勢いがあってエネルギーが高まっているときに旅先で購入したものであったり、当時、家族同士で仲良くしていた大好きなファミリーからいただいた物であったり……つまり、我が家にとって良いエネルギーとなっているることに納得できる物ばかりでした。

古物商の人たちいわく、「こちらの心が良からぬことを考えていたり、たいして気に入ってはいないのに経済的なことを考えて購入したりすると、偽物や変な物をつかまされてしまう」と言います。

自分が楽しく過ごしている延長で買い求めたモノは良いモノが多く、イライラしたり心配事があるときに、それを発散させるために買い物をするときは、それと同じ波動のものを買うのでしょう。

人によってつくられたものも、つくり手が「快」を感じながらつくったものには、そのエネルギーがこめられていて当然です。本を購入するときに、「たくさんの本の中でその本が光って見えた」とか、「そこに目がいって離れなくなった」という話があるのも同じです。

物も、こちらの波動と呼応しているのだからこそ、自分が本当に「好き」と「快」を感じる物を選べばいいのです。

自分自身の感覚こそ、一番の情報

自分の心が「快」を感じるほうへ選ぶというのは、結局、あなたの感覚があなたにとっての正解、あなたの感覚で動いて大丈夫、ということです。**まわりの基準や世間の常識ではなく、あなたの本音が宇宙からの情報だからです。**

2011年6月に、「AMIRI《アミリ》」というジュエリーのブランドを作りました。ジュエリーというのは、そのひとつを身につけただけで生活が愛おしくなったり、守られているように感じたり、なにかへのやる気が湧いてくるような効果があります。石に思いをこめて決意を新たにする、くじけそうになったときに初心を思い出す、というような「お守り」として利用される方も多いでしょう。

「私はこういうものが好き」という、あくまで私の好みを反映させたものが「AMIRI」ですが、あなたの好みはまったく違うかもしれません。

ジュエリーだけでなく、洋服も、インテリアも、生活スタイルも、なにかを選ぶときに、「世間でそれが流行っているから」とか、「有名なブランドの新作だから」「みんなが持っているから」というような理由ではなく、あなたの感覚で好きなものを選ぶ……つまり、**「あなたの選ぶものが、あなたのブランドになる」という感覚**を伝えたくて、このブランドを作りました。

誰でも、自分の「良い」と思う感覚で、自分の好きな物を自由に創造していくことができるからです。

（AMIRI　http://hoho-amiri.com/）

地震のときにも、「政府が発表することだから信頼性がある（またはウソに決まっている）」「ネットで言われているから本当だろう（またはウソだろう）」というまわりの基準ではなく、あなたの感覚で、それを聞いたときに「快」を感じるものだけを取り入れていけばいいのです。

まわりの人にとってはAでも、あなたの本音がBであれば、あなたにとってはBのほうが幸せを感じるということです。

その基準で選ぶことができている人は、まわりに翻弄されることもなくなり、いつも自分の居心地の良さを維持できるようになります。

宇宙につながっていると、まわりの状況が変わっても、安定した穏やかな至福状態が続くようになるのです。

魂が喜ぶことをすると、宇宙に応援される

心が「快を感じること」というのは、言葉を換えると「**魂が喜ぶこと**」です。これからの時代は、魂が喜ぶことをしている人がうまくいく時代だと思います。

ワクワク感じることに向かっているときは、時間が経つのも忘れます。他の人には大変なことに見えるような努力を、知らないあいだにしていることもあります。集中力が増したり、一度に多くの量をこなすことができたり、疲れを感じなかったりします。その人の意識とパワーが全開になるのです。

宇宙の波動は喜びや幸せの波動なので、あなたが楽しいと感じてワクワクして

いることを、宇宙は全力で応援してくれるのです。

魂が喜ぶ楽しいこととは、「快楽」とは違います。

たとえば、「寝転がってマンガを読むのが楽しい＝魂が喜ぶこと」と都合良く定義したとします。

もし、「これから毎日好きなだけマンガを読んでいいですよ」という状況になっても、それが「快楽」である場合は、いつか必ず「飽き」がやってきます。気分転換にはなりますが、一時的なものにすぎません。たとえば、お酒を飲むことも、それが「快楽」の場合はその場しのぎの方法ですよね。

ところが、「お酒を飲むこと」が本当にその人の魂を喜ばせることになっている場合は、お酒を通して人を喜ばせる気持ちや、お酒そのものの成り立ちなど、そこから派生する別の作業に心が向かうようになります。お酒を通して、そのワクワクした気持ちをまわりに広げていく役割があるからです。

女性で嫌いな人はいないと思う「エステ」も、毎日それだけをするとなったら、ただの習慣になります。飽きることはなくても、そこから感じるワクワクする気持ちは薄れていくでしょう。

魂が喜ぶことは、時間が経っても薄れることがないのです。

人を美しくする仕組みや方法などが、その人の魂を喜ばせるものだとすれば、エステからその人なりの活動を拡大させていくことになるはずです。必ずしも仕事に発展させるということではなく、魂が喜んでいると、それをしているだけで心が満たされて完結します。そして、ワクワクしたことに関わっているあなたの姿がまわりに影響を与えて、まわりの人もワクワクする……つまり、結果的にまわりの幸せに貢献していることになるのです。

魂が喜ぶことをしていると、その人の本来の魅力や、普段は隠されている力が出てくるので、創造力が増します。

創造性というのは、アーティストや物作りをしている人にだけ必要なものではありません。自分が向かっていることに対して新しい方法を思いついたり、目の前のこれをどうやって解決するか、どうすればいいかと工夫をするのも創造力です。

それをしているだけで面白い、という世界へ

3・11の震災以降、自分が本当にやりたいこと（＝魂が喜ぶこと）に進みだす人が増えました。それに突然気づく人もいれば、これまで思っていたのに行動に移していなかったけれど、いよいよ始めることにした、という人もいます。

本音に正直になったときに、他社と競争してのし上がるビジネスモデルや、少ないものを取り合う方法（自分だけが良いという考え方）に「快」を感じる人はいないので、心の「快」に正直になると、結果的に宇宙から応援される方向に進むことになります。

震災以降、物事の動きが加速しているのも、「魂が喜ぶこと＝結果的にまわりの幸せに貢献すること」を始めた人にとっては、宇宙が応援してくれるので展開が早くなっているからだと思います。

夢を実現させるときにも、まず、その夢があなたの魂が本当に喜んでいること

かどうかを確認する必要があります。

まわり、とくに親や家族から押しつけられた夢（期待）や、世間で評価されていること、格好いいとされていること、または、長いこと続けているためにそれが自分の夢だと思い込んでいるけれど、実は魂はちっとも喜んでいない、ということがよくあるのです。

そのような基準で夢を決めると、あなたの本音ではないのでイメージ力が弱くなります。考えるだけでワクワクする気持ちにならないのです。達成したときの見返りを求めるようにもなります。これだけ頑張ったのだから、そこから受けるメリットはなんだろう、と考えるのです。

魂が喜ぶ活動をしていると、「それをしているだけで楽しい」という世界になります。その報酬としての収入はある……でもそれはただの結果であって、見返りのことが気にならなくなるのです。収入は、ワクワクした姿が社会に貢献した（まわりの人も幸せにした）ことの代価です。

いつも元気いっぱいワクワクじゃなくていい
エイエイオー!!
静かなワクワクで充分.
小さく灯る炎でOK
表現の仕方は人それぞれ

完璧に魂が喜ぶ作業をしている人は、「朝起きて、今日もそれにたずさわることができる喜び」というような感覚になっています。

その感覚は、まわりの人にも影響を与えます。

たとえば、職人さんがひたすらその作業に没頭している姿は、見ているだけで感動したり、真摯な気持ちにさせられたりするでしょう。ある意味、うらやましく感じることもあるかもしれません。なんだか楽しそうに感じたり、そんな作業が素晴らしく尊いものに感じられたり、自分もその仲間になりたい、というような気持ちにさせられるのです。

以前、「売れる本のつくり方」というタイトルで取材を受けたことがありました。「本を書きたい人と売れる本を書くというのは違う、どうすれば売れる本を書くことができるか」という内容でしたが、実は、この質問自体に無理があるかもしれません。

本を書き続けている人たちは、単に、本を書くのが楽しいからそれをしているのです。それだけで収入を得ることができない場合は、他の仕事を兼任している場合もあるかもしれません。ですが、それを苦しいこと、悲しいこととは思っていないのです。「売れたらいいな」とは誰でも思いますが、「売れなかったらどうしよう。売れるためにはどうすれば？」と感じてはいないのです。

魂の喜びを感じて書いている人たちは、実際、「それが売れていようといまいと、他の仕事で収入を得ていようと関係ない＝それをやめる理由にはならない」と思っている人がほとんどです。

売れないことが気になって苦しい（＝お金が目的になっている）のであれば、お金を得る別の方法がたくさんあると思うのです。そのほうがその人の力が生かされるので、結果的にもっと楽しい作業になるでしょう。

宇宙につながっているとき、人は「快」を感じます。逆から言えば、「快」を感じることを選んでいけば、宇宙につながるのです。

魂が喜ぶ作業をしていると、自分の心が常に「快」になり続けるので、あなた自身がますます幸せを感じるようになります。そして、それが結果的にまわりの人の幸せに貢献することになるので（本人は気づいていなくても）、宇宙はさらに力を貸してくれ、さらに流れが良くなるのです。

第3章

日本人がはじめから知っていた、宇宙とつながる生き方

あなたも気づいていたはず――無理があることは滅びる

東日本大震災が起きたとき、「人類への警告」というような言葉が密かにささやかれました。口には出さなくても、大きくうなずきたくなる人も多かったのではないでしょうか？

心のどこかで「そうかもしれない」と感じる人が多いのは、現代の行きすぎた物質主義や、あらゆる分野における「これまでの方法」に疑問を感じていた人が大勢いたからだと思います。

たとえば、毎日のようにテレビで流れるグルメ番組、勘違いした贅沢を追い、必要以上の購買意欲をかきたて、必要以上に他人のプライバシーを探るような、人々の心をいたずらにあおる映像が増えるにつれて、「行きすぎている」と感想を持つ人が増えました。

インターネットについても同じです。首をかしげながらも、自分の判断でシャットアウトするくらいしか方法はありません。

リーマンショックが起きたときにも、「いつかこうなるだろうと思っていた」という声はいたるところで耳にしました。その業界にいる人たちでさえ、「お金というものを間違った方向に追及した」結果、「実態のない行きすぎた世界の無理が出た」と話す人がたくさんいたのです。

無理があることは必ずどこかで行き詰まる、ある意味自然な結果なのでしょう。

これほど物質的に満たされているのに自殺者が多いこと、世界の中で生活水準は高いのに「幸せ」と答える国民が少ないことなど……すべて、心（内面）が幸せを感じていない証拠です。

人間の発展や成長の過程として、ある段階までは物質主義的な考え方も必要です。ですが、物が満たされた次の段階として、そろそろ精神的なものに目を向けなければ「本当の幸せ」にはたどりつかないのです。

私は2010年の秋頃から伊勢神宮にご縁ができ、数カ月にわたって神宮を訪ねました。

地震の数カ月前に突然ご縁が始まったことも、今思えば不思議な話です。

伊勢神宮の外宮《げくう》と内宮《ないくう》に参宮させていただき、全国の神社を包括する神社本廳《ほんちょう》の田中恆清《つねきよ》総長をはじめ、伊勢神宮の神職の方々からお話をうかがううちに、伊勢神宮に象徴される神道には、これからの時代に必要な精神がたくさん詰まっていることに気づきました。

「人間たるもの、こうあるべき」という「理想の教え」ではなく、誰もがもっと自然にうまくいく方法、まさに本書で書いている「宇宙に応援される生き方」の基本がたくさん詰まっていたのです。


つまり、この「宇宙に応援される生き方」は決して新しいことではなく、日本人がもともと知っていたことです。「奪い合わずに分け合って循環させる方法」「相手を受け入れて共存する精神」などは、日本人にとって馴染みのあるものです。

つまり今こそ原点に帰り、宇宙とつながる方法を思い出せばいいと思うのです。

神道の真髄――あなたの自由に感じていい

神道にふれたときにまず感動を覚えるのは、「経典がない」ということです。

神道には「こうあるべき、こうしなさい」という経典やお説教がありません。

にもかかわらず、神道の象徴である伊勢神宮が建てられたのは紀元前4年ですから、その精神は、すでに2000年以上も続けられていることになります。

「こうしなさい」という教えがないのに続けられている……それは、まわりのもの（自然、各時代の流れ、あらゆる人々の考え方など）と共存しつつ、淡々と同じことを繰り返してきたからでしょう。

そして繰り返すことができたのは、それが時代の状況に影響を受けない、どんなときにも通用する原理原則だったからだと思います。


神道の歴史や成り立ちなどをほとんど知らなくても、伊勢神宮の参道に入り、背後に深々と続く鎮守の森の気配にふれると、「なんだか知らないけれど……すごく神聖な気がする……」と感じます。

空気の質や香りや温度がほんの少し変わっただけだと思うのですが、すべてを合わせて「なんだかいい気がする」と感じるのです。

西行法師が伊勢神宮に参拝したときに詠んだ有名な歌に、

なにごとのおはしますかは知らねども　かたじけなさに涙こぼるる

というものがあります。西行法師はお坊さん（僧侶）であり、神道ではなかったために、「ここにどんな神様がいるのかはわからない、でも、なんだかありがたくて涙がこぼれる」と詠ったのです。

　これは、伊勢神宮を訪れた多くの人が感じることではないでしょうか？

　神道が「感じる宗教」と言われるのも納得です。

「感じる」といっても、他の人と同じように感じる必要はないのです。

たとえば他の場所とは違う空気を感じないからといって、自分の感性が足りないとか、劣っているということでもありません。

　神道についてあなたが思うこと、神宮内の各場所について「これはこういう意味があるのかな」と感じること、捉え方などすべて「あなたの感じるままで結構」なのです。

　田中総長をはじめ、伊勢神宮の神職の方々とお話をさせていただくたびに、いつもそれが心に残りました。

　人によって何百通りもの解釈や価値観があり、そこに正解はないのです。それぞれの心の中で「自分はこう感じた」というように、なにかを思えばいいのです。

まさに押しつける姿勢がまったくありません。他人や世間の基準ではなく、「あなたの感性で、あなたの自由に」なのです。これも、伊勢神宮の精神が長く続けられてきた秘訣のひとつだと思います。

日本人は、天照大神《あまてらすおおみかみ》と同じ仕事をしている

伊勢神宮の成り立ちについて書かれている書物を読むとき、いつも難しさを感じていました。日本の起源にまつわる多くの神様が出てきて、一体どこまでが神界のお話で、どこからが天皇家の話なのかわからなくなってくるのです。歴史書ではなく、精神性を伝える「神話」として書かれていることも多いため、正確な時代の流れがつかみにくいのでしょう。

いくら「知識は必要なく、感じるだけでいい」とは言っても、やはり知識は理解を助けるもの……、私自身のために、ごく簡単にまとめさせていただきます。

「伊勢神宮」は、日本全国の神社の最高峰であり、日本人の祖先の神様である「天照大神《あまてらすおおみかみ》」が祭られている「内宮《ないくう》」と、農林水産業の守り神とされる「豊受大御神《とようけのおおみかみ》」が祭られている「外宮《げくう》」から成り立っています。

内宮に祭られている天照大神《あまてらすおおみかみ》は、日本の島をつくった夫婦神「伊邪那岐《いざなぎ》・伊邪那美《いざなみ》」の子どもであり、神様たちが暮らしていた天上界（高天原《たかまのはら》）で、稲作や養蚕を始めた神様です。

稲作は、はじめは神様の仕事だったのです。

その頃地上には、天照大神《あまてらすおおみかみ》の弟である「素戔嗚尊《すさのおのみこと》」をはじめ、多くの神様が降り立っていました。素戔嗚尊《すさのおのみこと》の子どもである「大国主神《おおくにぬしのかみ》」を中心とする平和な出雲《いずも》の国もあれば、邪霊や邪神とされるものがうようよする国もありました。

それらの国をまとめるために、天照大神《あまてらすおおみかみ》の孫である「瓊瓊杵尊《ににぎのみこと》」が天から地上に降りることになりました……、これが俗に言われる「天孫降臨《てんそんこうりん》」です。

天から降りるとき、瓊瓊杵尊《ににぎのみこと》は天照大神《あまてらすおおみかみ》から「稲穂」と「三種の神器《じんぎ》」を託され、稲作を「神の業《わざ》」として、日本全国に広めました。

つまり、**日本人の生きる基礎になっている稲作は、神様と同じ作業をしていることになるのです。**そこからできる稲穂も、神様と同じ物を食べていることになります。

仕事をすることは、神様と同じ「尊い作業」。ここに、日本人の「勤労意欲」の根源があります。

〈『旧約聖書』は人類の祖である、アダムとエバの原罪を伝える。
――神の創造した楽園で、アダムとエバは何不自由なく暮らしていた。ただ一つのタブーは、園の中央にある木の実を食べてはならないということであった。ところが蛇に変身した悪魔に唆《そそのか》された二人は、禁断の木の実を口にしてしまう。この神との約束を破った罪により、人は死と欲望に苦悩することになったのである。さらに二人が楽園を追放された日から、男性には食糧を得るための労苦、女性には出産にともなう苦しみが科せられたのである――。

こうした西洋の神話にみえる、労働を呪《のろ》う言葉は、日本の神話にはない。稲作も機織も神々がはじめ、人々に教えたからである。働くことは、神と同じ行為を

することであった〉（『絵で見る美しい日本の歴史』河合真如・講談社より）

この時点で、神道が、「神VS人」の宗教ではなく、私たちと共に生きているものであることがわかります。

わたし達って、
神様と同じ作業をして、
同じものを食べているんだね。
ということは
だね
天国は
ここじゃない!?

伊勢神宮って、誰がつくったの？

瓊瓊杵尊《ににぎのみこと》が天照大神《あまてらすおおみかみ》から託された三種の神器は、「八咫鏡《やたのかがみ》」「草薙剣《くさなぎのつるぎ》」「八尺瓊勾玉《やさかにのまがたま》」でした。

この「三種の神器」を、初代天皇である神武《じんむ》天皇が日本全国に稲作を広める旅に出かけたときに、大和《やまと》の地にお供えされた……、これが「日本の建国」とされています（この日が太陽暦の2月11日にあたり、現在の「建国記念日」となっています）。

神武《じんむ》天皇は、天照大神《あまてらすおおみかみ》をはじめとする天上の神様たちの教えに従うことを約束し、ここに日本の政治のあるべき姿が確立されました。それは、「神様の作業（稲作）を広める」という祭政一致の生活でした。政治は「まつりごと」なのです。

日本という国は、稲作を広める作業を通して、略奪や支配なく全国が統一されたのです。

その後、「三種の神器」は歴代天皇のそばで祭られていましたが、第10代の崇《す》神《じん》天皇の時代に、「剣」と「鏡」を宮中から外に出してお祭りすることになりました。なぜ宮中から出すことになったか、『伊勢神宮』（矢野憲一・角川選書）にはこうあります。

〈『日本書紀』によると、それは国中に疫病が大流行して多くの民が死に、さらに災害が生じるので、どうしてだろうと占いをしたところ「皇居の外に出て、最もよい所でおまつりすべし」という託宣があったからだという。最初におまつりした笠縫邑は、現在の奈良県桜井市あたりで、これにも古来いろいろ異説があって七か所ほども候補地があるが、大神《おおみわ》神社のそば磯《し》城《き》郡大三輪《おおみわ》町の檜原《ひばら》の地だろうとされている〉

次の第11代垂仁《すいにん》天皇の娘である倭姫命《やまとひめのみこと》が、さらに良い宮地を求めて旅をされ、最後に五十鈴《いすず》川の上流にたどりつきました。日本書紀によれば、その場所は天照大神《あまてらすおおみかみ》ご自身が望まれた地であり、そこが現在の伊勢神宮の内宮《ないくう》にあたります。

天上の神様の思いが歴代天皇によって運ばれ、最後には、神様ご自身の意思でその場所が選ばれたのです。

なぜその場所が選ばれたのかについての記述はなく、すべて後の世の推測にすぎませんが、伊勢の国の風土が豊かであること、温暖な気候で人々が平和であることなどが推測されています。

〈『万葉集』には、「神風の伊勢の国は山も川も美しく、うまし国、御食《みけ》つ国」と詠われ、延暦《えんりゃく》の『儀式帳』には、「朝日の来向かう国、夕日の来向かう国、波の音の聞こえぬ国、風の音の聞こえぬ国、弓矢鞆《とも》の音の聞こえぬ国」、つまり災害がなく、平和で美しく、美味なものがどっさりとれる豊かなところと、国祝《くにほぎ》の歌があり、大神さま自身が最も神慮に適《かな》ったところとして定められたのだろうとされている。風光明媚《めいび》、気候温暖で新鮮な海・山の幸に恵まれた、まさに美《うま》し国だから、大神はここにいたいと申されたのだろう〉（同『伊勢神宮』より）

神宮で一番大事な神事は、神様のお食事づくり

伊勢神宮には、年間１５００回以上ものお祭りがありますが、その中心の目的は「神様に喜んでいただく御馳走を御供えすること」にあります。

その基本のお祭りとして、毎朝毎夕、天照大神《あまてらすおおみかみ》に御食事をお供えする「日別朝《ひごとあさ》夕大御饌祭《ゆうおおみけさい》」があります。

この御食事をつかさどる神様が、外宮《げくう》にお祭りされている「豊受大御神《とようけのおおみかみ》」であり、天照大神《あまてらすおおみかみ》が内宮《ないくう》に鎮座された約５００年後に呼ばれたとされています（外宮《げくう》には神様の食堂にあたる「御饌殿《みけでん》」があり、これが外宮《げくう》と内宮《ないくう》の違いです）。

お食事づくりに奉仕する神職（禰宜《ねぎ》以下数名）の方々は、前日の夕方から準備の場所に入り、翌日の朝５時から火を起こし、毎朝１時間以上かけて、お米、鰹、鯛、海藻類、野菜、果物、御塩、御水、清酒などを調理します。

毎朝毎夕、ただひたすら神様にお食事をお供えし、それと共に国民の平安をお祈りしているのです。

年間を通して行われる祭りの中で最も重要とされ、「大祭り」と呼ばれているのが、10月に行われる「神嘗祭《かんなめさい》」です。（これも、大神《おおみかみ》が天上の高天原《たかまのはら》でされていたような大御馳走と同じものを召し上がっていただくためのものです）。神嘗祭《かんなめさい》でお供えされる食物はすべて自給自足であり、神宮専用の「御料《ごりょう》施設」でつくられます。

田んぼの耕作から野菜の栽培、収穫、御酒や御塩の精製など、すべての行為が「神様と同じ作業をする」という神聖なお祭りの形をとって進められ、一年を通して準備されます（神宮の近隣地域には、伊勢神宮に奉納する食材を代々つくり続ける家系や仕事が多く見られます）。

伊勢神宮のすべてのお祭りは、この神嘗祭《かんなめさい》のためにあると言ってもいいほどです。

〈伊勢の神宮はなにをするところかと聞かれたら、私は「神嘗祭をするところ」とお答えしたい。（中略）昔々、高天原で皇祖の天照大神が初めて稲穂を手にされたとき、「これこそ日本民族の主食だ、瑞穂の国でつくりなさい」と天孫・瓊《に》瓊杵尊《にぎのみこと》に委託された。それ以来、代々の天皇は皇祖からお預かりした稲を毎年甦らせて、秋には初穂を「今年もお約束通り稔らせました、おかげで豊作でした」と皇祖に感謝するのが神嘗祭であり、その施設が神宮なのだ。日本人にとってお米には、天照大神のスピリットというか、民族の存続と永遠の発展の願いの祈りがこめられている稲魂というタマシイが宿り、すべての「もの」の根幹となり、稲こそイノチの根（生命の根源）だとされてきた。それをいただくことで日本民族は元気の元をいただけるとする信仰があるのだ〉（同『伊勢神宮』より）

天皇陛下は、今も皇室の御先祖である天照大神《あまてらすおおみかみ》から託された稲穂（稲魂《いなだま》）を、皇居内の水田で毎年つくられ、神嘗祭《かんなめさい》のときに伊勢神宮に奉納されています。

全国の神社の最高峰といえど、特別変わった祭事をしているのではなく、ただひたすら稲穂を育て、お米や野菜や魚を収穫し、新鮮な御水と御塩と御酒を生産することに専心する、その恵みを与えてくださった神様に感謝して奉納し、永年の国民の幸せを祈る……太古の昔からしていたこと、もともとあったものを淡々と繰り返してきただけなのです。

食べ物は、命をつなぐ基本です。

豊かな食べ物を食べていれば、心も美しくなりますが、同時に「食」は争いの原因にもなりえます。震災の直後、新鮮な水を求めて関東のスーパーからは一時期ミネラルウォーターがなくなりました。

「食」を奪い合っているところに平和はありません。

便利なエネルギーをつくり出すように感じる原子力も、ほんの一瞬で食べ物を汚染する毒に変わります。日本人は、いつの頃からか一瞬で毒になるようなものに頼る生き方を選んできたのです。原子力や放射能自体が悪いものなのではなく、それを利用する人間側の問題です。

その生き方が、震災を機にひっくり返りました。力（魂）のあるお米を食べることで命をつないできた日本人の食文化も、見直されるときに来ているのでしょう。この数年、若者に農業が見直されていることも偶然ではありません。

式《しき》年《ねん》遷《せん》宮《ぐう》の「生まれ変わり」の精神

伊勢神宮では、20年に一度、ヒノキの社殿を新しく建て替え、神様がお引っ越しをする「式《しき》年《ねん》遷《せん》宮《ぐう》」が行われます。

内宮《ないくう》と外宮《げくう》はもちろん、分霊をお祭りしている「別宮《べつぐう》」を含むすべての社殿が、現在の社殿の隣の敷地（御敷地《みしきち》）に、まったく同じ形で建て直されるのです。

建て直される社殿は65棟。
使われるヒノキの数は約1万本。
つくり直す御装束や神宝は約７００種類（１０００点以上）。
次回の遷宮《せんぐう》（２０１３年）にかかる予算は約５５０億円。

はじめてこれを聞いたときは、「なんてもったいない……資源や環境破壊になるのでは？」と感じましたが、それはとても浅はかな感想だということがわかりました。

神宮の森の中には、遷宮《せんぐう》に必要な木（御用材）を刈り出すためだけにある山（御杣山《みそまやま》）があります。
社殿の中心に使われる柱には直径60センチものヒノキが必要であり、その成長には２００年近くもの歳月が必要であること、また、ヒノキの植林とともに山が瘠《や》せていくという環境破壊を考え、神宮は大正12年に２００年にわたる植林計画を立てました。ヒノキと広葉樹を混ぜることによって、繰り返し植林ができる森をつくり、自給自足のシステムをつくり上げたのです。

ただ触らずに静かにしておくだけでは山を守ることにはならない……感謝して木を使わせてもらうことにより、山は活性化されます。

同時に毎年１５００本もの苗木を植え続けて、後世に循環させているのです。

式年遷宮《しきねんせんぐう》のキーワードは「常若《とこわか》」です。常に若いのです。

西洋の宮殿は、永遠を目指すために石造りの頑丈な仕上げになりましたが、その結果、２０００年前のものがそのまま残されている例はありません。石の建築物も、老朽化すれば崩れます。

ところが一見頑丈ではない神宮が当時と同じ形で残っている……むしろ、その方法だからこそ、現代まで続いているのです。

もし、神宮を守る歴代の人たちが自分たちの権力や富を競い合えば、長い歴史のなかで社殿の形は変えられていたことでしょう。西洋の宮殿や教会、古代天皇や王家のお墓のように、建物の華麗さ、優美さ、大きさなどが、その時代の権力の象徴になるからです。

一時的に栄えさせれば必ず滅びるときがきます。

一時の盛り上がりを求めて滅びるか、自然と共生して永遠になるか、です。

「まったく同じ社殿をつくる」という「形」にこだわっているようで、実はこだわっていないのでしょう。こだわっていないからこそ、同じことを繰り返すことに誰も疑問を持たずに続けられてきたのです。

大事なのは、外側の形ではなく、そのなかにある精神を伝えていくことです。

だからといって外側はなんでもいいのではなく、神様の住居を常に清い状態に保つことによって、日本を造ったはじめのエネルギーが、今も当時のままそこにあり続けるのです。

式年遷宮《しきねんせんぐう》の意味――無理がないから永遠になる

日本の象徴である神宮が20年ごとに再生するということは、そのたびに日本が生まれ変わっているということと同じだと思います。

式年遷宮《しきねんせんぐう》を通して、**再生することによって進化するのです。**

また、「いつもその時代の人たちと同じように若々しい」という意味もあるかもしれません。

日本の神様は西洋の神様のように人間と上下の関係ではなく、「私たちと同じ仕事（稲作）をして、同じ物を食べることでいつも身近にいますよ」という平らな関係であったように、いつも今の時代を私たちと共に生き、そばにいるような感覚を感じるのです。

さらに、魂の生まれ変わりはないとする西欧の「キリスト教」と違い、何度も魂が生まれ変わる「輪廻転生《りんねてんしょう》」を表しているような気もします。

肉体（外側）を新しくすることで魂（精神）が続いていく……、生まれ変わることで、永久に生きて永遠になるのです。

ですが、これらの感じ方も、「どうぞあなたの感じるままに」だと思うので、そこに正解はないのでしょう。

そして恐らく、「どうして式年遷宮《しきねんせんぐう》をするの？」についても、本当は考えなくてもいいのかもしれません。ただその「形」を守り続けることで、だんだんと見えてくることなのでしょう。

たとえば、茶道の御手前をしているとき、はじめはその形の意味がわからず、「どうしてこれをするときには、この形なんだろう。どうしてこの所作は右手からと決まっているのだろう」とややこしく感じていたものですが、慣れてくると、それが一番無駄がなく、自然な動きであったことに気づきます。

自然なので、外側も美しく見えるのです。

伊勢神宮が続いてきたのは、そこに「無理」がなかったからだと思います。

外国人は神宮のことを「ここに奇跡がある」というような表現をするそうですが、日本人にしてみると、当たり前のことを繰り返してきた結果に過ぎません。「当たり前のことをしていたら、いつのまにかすごいことになってしまった」という感覚でしょう。

地震の直後、水があること、食べ物があること、当たり前のことがものすごく素晴らしいことに誰もが気づいたように、「当たり前」は本当に尊いのだと思います。

当たり前を繰り返すのは、同じことを繰り返せる喜びです。日々、大事《おおごと》がなく、なにもないこと（＝無事）が一番すごいと思う感謝の心です。

神宮参事の河合真如氏の言葉が印象的でした。

「無理と無駄がない、それが〝自然〟ということです。自然なものだけが循環し、長続きするのです」

「今」がポイント――未来を変える方法

目の前の当たり前のこと、「今」に集中していたら知らないあいだに2000年の歴史を持ってしまった伊勢神宮の流れを見ると、結局、今の目の前の生活が本番だと思い知らされます。

宇宙とつながる法則や運が良くなる方法をどんなに一生懸命勉強しても、どんなに素晴らしいとされる宗教で尊い精神を学んでも、どんなにスピリチュアルな世界を体験しても、結局、それを自分の日常生活でどのように実践するかにかかっているからです。実践しなければ、幸せには変化していかないからです。

特別な教養や知識や情報もなく、山奥で暮らしているお年寄り（あくまでたとえでです）が、知識が豊富で頭や理論でこねくりまわしている人たちよりも、ずっと毎日に幸せを感じて生きている、ということがあります。

知識という「形」があろうとなかろうと、日常生活で実践している人こそ、幸せを感じられるのです。

未来を変えることができるのは、「今」だけです。

今日の自分の言動次第で、未来に起こる物事はどんどん変化します。

今日、なにかの動きをして種をまけば、それが原因で必ず動きが出てきます（夢を実現するときに期限をつけるのが良いとされるのは、「その日までに実現させなくてはいけない」という「縛り」ではなく、期限をつけることによって、今日の自分の言動を変えるためです）。


未来を変えるのは行動だけではありません。意識の力も同じです。

占いのようなもので、自分の未来をみてもらったことはありますか？

（ここで言う占いとは、四柱推命や天文学、易学など、統計学的な学問だけではなく、本人に特殊能力があり、未来や前世などが見える類のものも含みます。その能力は人によって差もあり、どんな言葉を使ってどんな伝え方をしてくるかにもかかっています。不安なことを強調して占いに依存させるのではなく、希望を持てる伝え方をする人でなければ、聞くこと自体がマイナスになるので要注意で

す）

あなたに起こる「未来に起こる可能性」を聞いたときから数カ月経つと、前回言われた未来が微妙に変わっていることがあります。たくさんの分かれ道の中から、時間の経過とともにひとつの道が太くなっていたり、またしばらく経つと、別の道が太くなったり、可能性が変化するのです。

これは、その人の意識や行動が途中から変わったためです。

たとえば私の友人は、この類の占いで「子どもはできない＝本人も欲しいと思っていない」というようなことを言われました。

実際にその人は、結婚してからも子どもを欲しいと思ったことは一度もなかったそうですが、それを聞いてはじめて、「出産、子ども」という新しい世界を意識し始めました。自分のパートナーと子どもと一緒に楽しく暮らす像を、真剣にイメージし始めたのです。

すると、数カ月後に同じ占いを訪ねたときに、「子どもを持つ可能性が少し上がった……子どもを産むこともありえる」という新しい道ができていたのです。

これはその占いがいい加減だからではなく、本人がそれまでとは別の意識を強く持ったことで未来の可能性が変わったからです。

同じようなことは、別の例でも数多く見られます。

つまり、そのときに言われる未来は、あくまで「そのときのままの言動で進み続けたときに一番可能性の高い未来」であり、途中で言動を変えれば、いくらでも変更可能なのです。

また、「可能性が0％ということはない」ということです。少ない可能性であっても、そこに意識を傾けて集中していくことで、その可能性は広がりいろいろな道が開けます。

一番もったいないのは、その少ない可能性を聞いただけであきらめてしまう思い込みです。占いを聞くことで本音の希望を封印して、それほど思っていないのに実現しやすそうな道を選んでしまうことです。

それは、まだ起きてもいない「未来」を決めつけて決断してしまっているのであり、「今」に集中していない結果です。

「中今《なかいま》の精神」——楽しんでいるときが宇宙につながっているとき

神道の根本精神に「中今《なかいま》」という思想があります。

田中恆清・神社本廳総長「中今《なかいま》とは、過去・現在・未来にとらわれず、永遠の過去と未来の中間にある今、当世を最良の世として、今この瞬間を精一杯生きることを指します。一神教の世界では、神の恵みを受ける、神に助けていただく。しかし、神道の世界では神に助けていただく前に、今、生かされているという、その現実に感謝して、瞬間瞬間をただ精一杯生きるのです。また次の日もその繰り返しです。私は、この精神こそが宗教の原点にあるべきだと思います」

これは、夢を実現するときの「今を楽しむ」というコツにつながります。その人の「今」の波動が次に引き寄せるものを決めるので、今を楽しんでいればますます楽しいことを引き寄せ、その繰り返しの先に夢の実現があるからです。

田中総長「こうすることによって素晴らしい将来がある、というような考えではなく、すでに生かされているという現実をしっかりと受け止めて、一日一日を生き抜いていく、それが神道の精神なのです」

「今を楽しむ」というのは、「今を楽しめば夢を実現できる」という「コツ」としてすることではありません。本当に、目の前の出来事を味わうのです。

たとえば、今日しなければならない雑用を「ひとつひとつ丁寧にやろう」と捉えただけで、その作業がとても貴重で面白いものに感じることはありませんか？

お皿洗いをするときに、「このグラスをピカピカにしよう」と決めて集中すると、不思議と充実感を味わえます。その時間を丁寧に味わったような気持ちになります。「この作業を徹底的に、芸術性を持って仕上げよう」と決めると、そこに新しい楽しみが生まれるのです。

やらなくてはいけないことが山積みでも、「このランチの時間は楽しもう」と集中すると、そこから思わぬ刺激を受けます。面白い方向へ話が展開することもあれば、ふとなにかがひらめくこともあります。

このように、「目の前のことを楽しむ」というのは、刹那的であったり、ただお気楽に受け止めたりすることではなく、その物事の明るいところを見たり、創造性を持って楽しくなる工夫をすることです。

それによって自分の精神レベルが上がる（波動が上がる）ので、次に引き寄せてくることの「質」が変わっていきます。同じことが起きても、人によって次の展開が違うのは、それを受け止めている人の波動が違うからです。

夢を実現した人たちが、「あれがきっかけになるとは思ってもいなかった」というような、目の前のことが発展して実を結んだという経験を繰り返しているのは、目の前のことを楽しんで通過する波動が、新しい展開を引き寄せたからです。

楽しんでいると、宇宙につながりやすくなります。

楽しくてウキウキすることを考えていたり（していたり）、なにかに集中しているときに「ひらめき」が増えるのはこのためです。

夢があるせいで、実現していない「今」にイライラしたり、頭をいっぱいにして苦しく感じていれば、宇宙からの情報に気づきにくくなるのです。

清めることで、解決する

この数年、掃除についての本が増えました。

実質的な掃除のテクニックだけでなく、風水の方向から説明する「気」の流れや、掃除と運の関係など、掃除には、ただきれいにするだけではない深い意味があることがすでに知られています。

実際、徹底的に掃除をすると自分の流れも変わります。悩み事が解決したり、新しい動きが起こったりします。自分のまわりに起こる物事はすべてつながっているので、ある一部分で停滞していた「気」を動かすことによって、他の部分にも動きが出るのです。

「家」はその人の生活の基本です。365日、清潔に整っている居心地の良い部屋で目を覚ます人と、汚い空間で目を覚ます人では、ものの考え方に違いが出てきて当然ですよね。

日本人は欧米諸国に比べて、掃除が「良いこと」とされています。

まずは掃除から一日が始まるという会社も少なくありません。「トイレ掃除をすると売り上げが上がる」という成功哲学の方向から「掃除」が取り上げられるようになってから、昔のような「根性」「鍛練」「修行」の延長のような意味合いではなく、率先してやりたい趣味のように捉えている人も増えています。


「清らかに清浄であること」こそ、神道の中心です。

お参りの前に、お清めとして手と口をすすぐこと、境内の中が常に清められていること、清潔感にあふれていることからもこれがわかります。掃除は、下働きや裏の仕事ではなく、毎日の主たる大事な仕事なのです。

ひたすら自分の身を清める、それは「伊邪那岐命《いざなぎのみこと》」が、妻である「伊邪那美命《いざなみのみこと》」を追って黄泉《よみ》の国に入ったとき、そこで受けた穢《けが》れを、禊《みそぎ》をして取り除いたことから始まったとされています。

伊勢神宮では、参拝の前に、伊邪那岐命《いざなぎのみこと》がお清めをしたように五十鈴《いすず》川で手と口を清めます。神主さんが榊《さかき》をふって御祓いをするのも、お清めのときに塩をかけるのも、料亭の玄関口に盛り塩がされているのも、伊邪那岐命《いざなぎのみこと》が海水で身を清めたことに関係しているといいます。

社殿が20年に一度建て替えられるのも、神様の住居を常に清く新しくすることで「悪しきもの」が払われるからでしょう。清い場所でこそ、精神が保たれるからでしょう。汚いところに良いモノは降りないのです。

田中総長「常に祓い、身を清める、そうして毎日の生活を営んでいく、ということが、ひとつの考え方なのです。毎朝、歯を磨き、顔を洗うのは〝禊《みそ》ぎ〟の儀式とも言えます。それでも夜、家に帰ってきた時にはまた汚れている。だから、お風呂に入ってしっかりと洗い清める。そして、次の朝に備えるのです」

日本人の誰もが日常生活で自然にしていることの中には、神道とつながっているところがたくさんあるのです。日本人は、自然とそういうことを実践するように、魂のなかにいろいろなものを受け継いできているのでしょう。

苦しい頑張りは必要ない

「気持ちの良い状態」になることが、宇宙につながるコツです。

神道で「掃除（清潔）」が徹底されているのも、余分なものがなくなることによって、あなたの気持ちがスッキリと良くなるからです。

「直感のとおりに選ぶと宇宙につながりやすくなる」とされるのも、あなたが本音のとおりに選べば、そこにストレスがなくなるからです。

「魂が喜ぶことをするとうまくいく」のも、まわりに押しつけられた「無理」がないので、心からワクワクできるからです。

「人と比較しながら進んでいると、いつまでも幸せを感じられない」とされるのも、「比較をするのは良くないから」という「善悪」ではなく、そのほうが、あなたの気持ちが楽になるからです。

「楽になる」というのは、たるんでいることではなく、無理のない自然な状態に

なるということです。

自然な状態になったほうが、長続きするのです。

これからの時代は、苦しさをともなう頑張りは必要ないと思います。というよりも、「頑張る＝苦しいこと」という思い込みを外すことです。

あなたが本当にやりたいこと（＝魂が喜んでいること）に進んでいるときは、頑張っていても、そこに「眉間にしわを寄せる苦しさ」はありません。途中に障害が起こっても、やりたいことに向かっている途中の頑張りなので悲壮感はただよわず、まわりから見ても「どうしてあんなに大変なのに明るいのだろう」というように映ります。

後から振り返ったときに「あのときは大変だった、本当に頑張った」と本人が感じても、それは苦しさを思い出す感覚ではなく、心地良い感想のはずです。

本音のとおりに向かっているときの頑張りは、たとえ実現までの道が遠くても、「苦しい頑張り」にはならないのです。

たとえ実現までの道のりが短くても、あなたが本音を我慢しているとき、本音とは違うことを「これは良いこと、こうあるべき」という判断基準で続けているとき、または「頑張るのと苦しみはセットだ」と思い込んでいるときに、自分も他人も苦しさを感じます。これが「苦しみをともなう頑張り」です。

苦しみをともなう頑張りは、まわりの人を巻き込むことができません。本人がワクワクしていること、楽しんでいることにこそ、応援の人は集まるのです。

苦しさのない頑張りのときは、それに向かっているだけでエネルギーが充電されるので、体力も循環します。

「何時間も集中していたのに、あまり疲れていない」と感じるようなときがこれにあたります。

「後から考えると、すごく大きなことを動かすことになったけれど、当時はあまりそう感じていなかった」というときも同じです。

向かっている物事を「大きなこと、すごいこと、苦しいこと」というような大げさな感想を持たずに淡々とできるのです。

誰もが楽になったら秩序がなくなるのではないか、と心配する必要はありません。人は、自分自身が無理のない気持ちの良い状態で進んでいるときには、他人の自由や幸せをさまたげようとは思わないものです。むしろ、「あなたの幸せも応援しますよ」という協力態勢になるのです。

逆に、自分が苦しいときや無理をしているとき、つまり楽ではないときこそ、他人にも自分と同じことを強制したくなるのです。

そんなにすごいことを
してきた覚えはないんだけど…。
自然の流れなんだけど…。
振り返ると
意外と大きなことに…。

気持ちの良い状態であること、無理のない楽な状態になっていることを宇宙は応援しています。無理がなく居心地良く感じるのは、そちらに進むといいよ、という宇宙からの合図だからです。

他人の幸せのためにも、まず、あなたが楽になっていいのです。

次の世界の話

「宇宙につながる生き方＝日本人の原点に帰る」というのは、ひたすら質素に倹約をするというような、「物がなかった時代」に逆戻りをするという意味ではありません。高度な科学文明になればなるほど、精神は太古の神様たちの時代と変わらないようになる、ということです。**つまり変わらないことが進化、外側が変わっているのに変わらないでいられることがレベルアップだと思うのです。**

私はこれまで「精神レベルの仕組み」をらせん状にして書いてきましたが、そのらせん図でたとえると、後戻りではなく高い位置で原点に戻る、という感覚です。

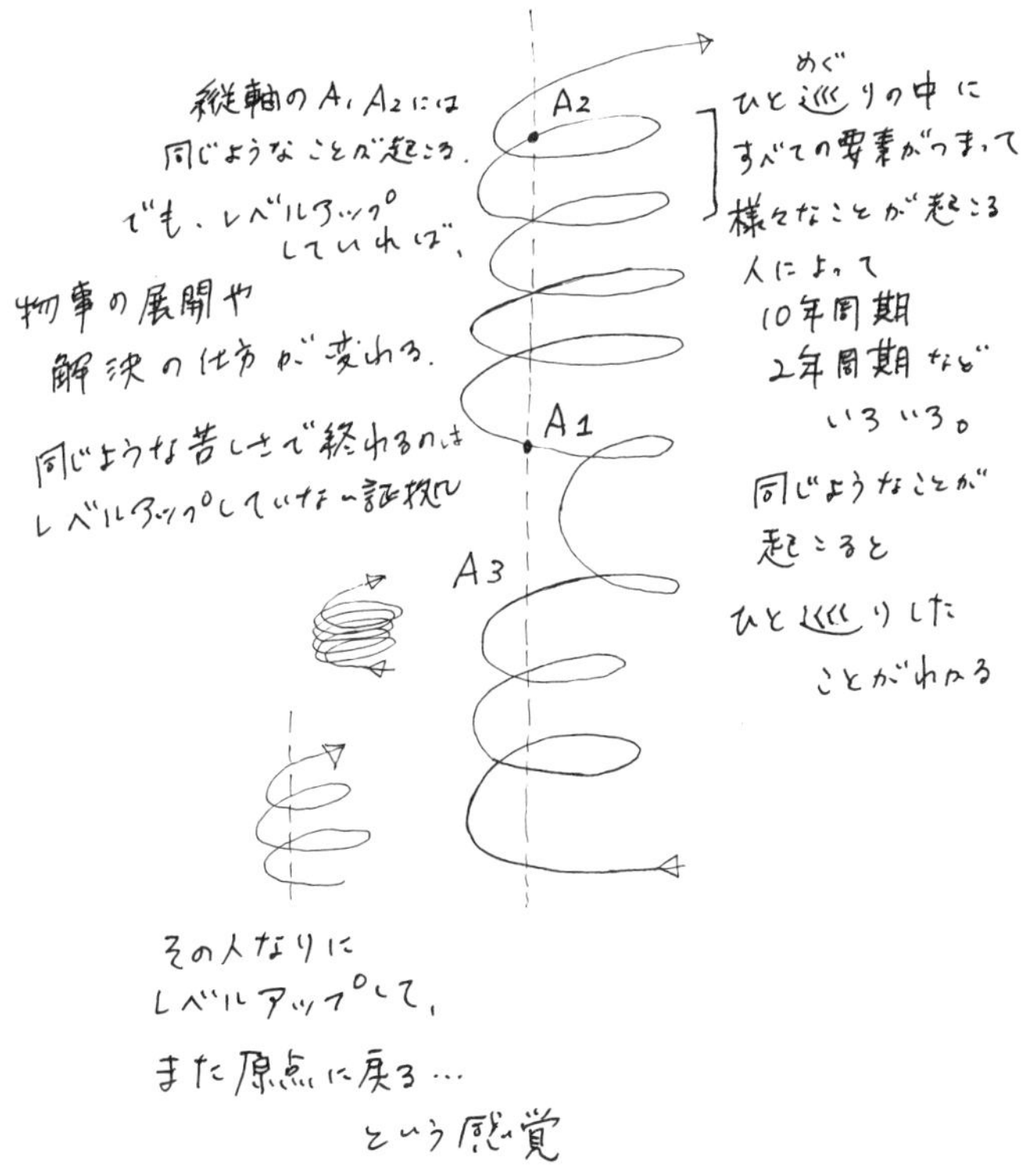
縦軸のA1 A2には
同じようなことが起こる。
でも、レベルアップしていれば、
物事の展開や
解決の仕方が変わる。
同じような苦しさで終わるのは
レベルアップしていない証拠
A2
A1
A3
ひと巡《めぐ》りの中に
すべての要素がつまって
様々なことが起こる
人によって
10年周期
2年周期など
いろいろ。
同じようなことが
起こると
ひと巡りした
ことがわかる
その人なりに
レベルアップして、
また原点に戻る…
という感覚

どんなに経済や科学や情報の伝達手段が発達（変化）しても、「本当に幸せになる方法」（内側の精神的なもの）は普遍です。

「高度な科学文明＝外の世界」が進化したのであれば、それと比例するように内面の心はさらに幸せを感じるようにならなくては本物ではありません。外側の世界が進化したために、平和をおびやかす兵器が増え、新しい悩みが生まれ、空虚感が増して自殺者が増えるのは、これまでの内面が本物ではなかったからです。

どんな状況にもぶれずに幸せを感じることができる「原理原則」をみんなが実践すれば（そこに戻れば）、世界中の人が協力することにより、逆に高度な科学文明がもたらされると思います。

つまり、私が思う「次の世界」とは、より高度な科学技術の恩恵を受ける世界です。科学技術を扱う人間の意識が進化することによって、自然エネルギーや科学エネルギーが国境に関係なく循環されて人間（動植物）の生命を守ります。

高度な科学文明は自然とも共存します。自然の循環システムに習い、同時にそれを守る（支える）働きもすると思うのです。

その安全な生活のなかで、人間は創造性にあふれる活動をそれぞれ自由に楽しんでいく……その活動の延長線上に「仕事」というものがあり、仕事は社会に奉仕するクラブ活動のような感覚になると思うのです。お金のために働くのではなく、幸せな気持ちになるために「仕事」というものがある、という認識に変わります。

もちろん社会主義になるのではなく、お金に代わる価値観、違う基準が生まれるはずです。

人々のストレスがない（＝無理がない）ので、なにかをきっかけにそれまでの価値観がひっくり返るような混乱は起こりません。「社会を良くするために」という理由を盾にして、他者を排除するような競争をすることもなくなります。

それぞれの人が縁を感じることやワクワクすることを追求するので、他人と比較することはなくなり、「眉間にしわを寄せた頑張り」をする人もなくなります。

各人が自由に自分の魂の喜ぶことに専心して幸せを感じながら、ものすごく高度な科学文明のなかで生きている社会です。

直感のとおりに生きるのも、次の世界の第一歩です。

宇宙からの情報をそのまま実行することがうまくいく方法であり、この方法になると、実は自分自身が楽になり、楽になることは悪いことではなく、その波動こそ宇宙と同じ波動であることに多くの人が気づくのです。

その宇宙からの情報には限りがないので、他人と奪い合う必要もなく、それぞれが自分にやってくる情報（本音）のとおりに、ワクワクすることを追求していくことで成り立っていく世界だと思うのです。

人がイメージできることは、必ず現実になります。

昔の人から見たら「そんな夢みたいなことが成り立つはずがない」と思える世界が今現実になっているように、次の世界の話も実現可能だから思いつくのだと思います。

第4章 枠を外して生きる

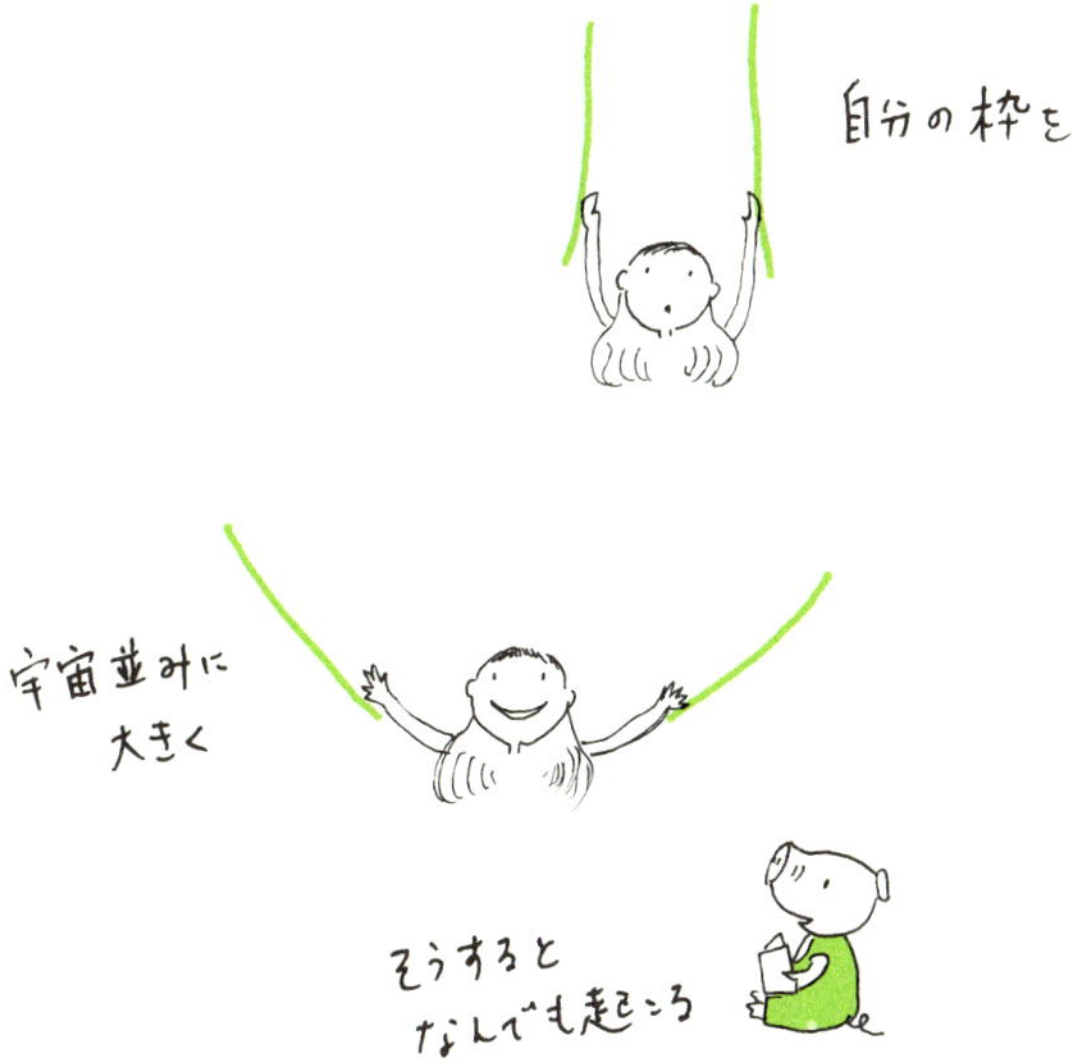
自分の枠を
宇宙並みに
大きく
そうすると
なんでも起こる

こうあるべき、は思い込み

第2章で書いたように、3・11の地震以降、物事の動きが加速しました。世界の幸せに貢献する考え方や行動は、これまで以上の早さで形になり、それに逆行している考え方や団体や人は、どんどん気づかされ変化しています。

宇宙に応援されて流れに乗るためには、これまでの自分の「枠」を外すことです。「こうあるべき、こうでなくてはいけない」という考え方の枠は、これまでの教育によって（ある意味）洗脳されてきたことです。心ではなく頭で考えたこと、環境や経験によってつくられた思い込みなのです。

たとえば、言葉の定義ひとつをとっても、その人の思い込みで成り立っています。「母親」という言葉を聞いたとき、あなたはなにを思いますか？
聞いた瞬間に「口うるさい」と思う人もいれば、「優しい」と思う人もいるでしょう。前者は、久しぶりに会った母親から「最近どうなの？」と聞かれただけで、「またうるさいことを聞いてきた」と反応し、後者は「思いやりがあるなあ」と捉えるかもしれません。

「気楽」という言葉を聞いたとき、なにを感じますか?

私にとっての「気楽（な人）」というのは、「気が楽になる状態を維持できている人、いつも物事の明るい面を捉えることができている人」になります。つまり、「気楽だねえ」は褒め言葉です。

ところが、「気楽＝いい加減、たるんでいる」と反応する人は、気楽が良いことではないので、他人にも自分にも気楽にならないように心がけていることでしょう。つまり、その人の人生に気が楽な経験は少ないはずなのです。

「夢」という言葉を聞いたとき、「いつかかなうもの」と思う人もいれば、「かなわないけれど、持つことでモチベーションが上がるもの」と思う人もいれば、「永遠に追うもの」と答える人もいます。

「いつかかなうもの」と定義している人と、「かなわないけれど」を前提にしている人では、イメージの段階から違いが出るはずです。「永遠に追うもの」と答える人は、夢を追うこと自体に魅力を感じるのかもしれません。

つまり、その人が反応したとおりに物事が展開されていくのです。自分が定義しているとおりのことを経験する、定義したことしか経験できないのです。

自分の限界を突破しよう

ある講演会の席で、面白い実験をしました。

数人が一組になり、自分の夢や望みを限界なく自由に思い描いてもらいます。その夢を実現できる可能性があるかどうかは考えず、「なんでも自由に実現できるとしたらなにをイメージしますか?」と聞くのです。

そのときに見えてくる映像を発表してもらうと、他人が発表する夢は、「それは、そんなに大変なことですか? あなたであれば、今の延長線上に実現できるのでは?」と感じます。面白いことに、誰でも自分の夢は、まわりから同じような反応をされるのです。

語っている本人にとっては実現が難しそうな最大級の望みを語っているのに、他人が聞くとちっとも難しいことに感じない……どんなに「限界ナシで考える！」と思っても、結局、自分の枠の範囲内なのです。

つまり、今の自分が思いつく程度のことは、いつか実現できるということです。

昔から「夢は大きく！」と言われるのも、その人が思いつくことしか実現できないからです。

スプーン曲げができる人によれば、スプーン曲げは、まずその人がどこまでそれを「本当にできる！」と思っているかにかかっているそうです。「スプーンは曲がらないもの」という勝手な限界をつくらないことなのです。

「スプーンは固いモノ、曲がらないモノ」というのは常識なようでいて、実は常識ではありません。事実、それができる人にとっては当てはまらないことです。

ですから、「スプーン曲げができるなんてすごい!!」とは思っていない人、また、疑いを持っていない高齢者や子どもなどは、大人よりはできる確率が上がります。

「不思議な力などで病が治る」という類のものも、本人がそれを全否定していると効果が薄く、なんとも思っていない人や、それを心から信じている人にとっては効果を発揮します。医学的（科学的）に根拠はなくても、治癒することがあるのです（病気治癒の最後の手段としてためす人のなかに、このような奇跡が起こりやすいのは、「どんなものでも、治してくれるならなんでもお願いしたい」と心からそれを信じているからです）。

スプーン曲げのできる人が自分のまわりにたくさん出てくると、「意外と簡単かもしれない。もしかして自分にもできるかな」と、まわりの人の意識が変わります。すると実際にできる人が増えてくる、**これが意識の力です**。ひとりが限界を突破すると、まわりの人の限界も外れるのです。

小学生の体育の授業で鉄棒の逆上がりをするとき、ひとりができるようになると続けてできる子が増える、というような現象も同じです。

同じように、「夢はかなう」となんのためらいもなく信じて進んでいる人たちの世界では、思いがけないラッキーや不思議なことがたくさん起こりますが、否定している人たちの輪のなかでは、奇跡が起こりにくくなります。

夢を実現するときに、「**それをすでにかなえている人たちの中に身を置く**」というようなことが言われますが、それも、自分の限界の向こう側にある世界を普通のこととして生活している人たちの「場」にいると、あなたの限界の枠が外れるからです。

A
B
Bさんたちにとっては普通のこと
の世界にいれば、
Aさんの限界がなくなる

奇跡の仕組み

自分の想定外のことが起こるのが奇跡です。

自分が考えついていたこと、想像できていたことは奇跡には感じません。

数年前、私がとり掛かっていたある本の企画がありました。

はじめは順調に進んでいましたが、途中で状況が変わり、はじめの企画内容のまま進めることができない状態に陥りました。私をはじめ、担当の編集者やそこに関わる人たちが対策方法を考えましたが、すぐには浮かびません。

考えても解決策が出ないときは考えなくていい（今は考えるときではない）というのが私の常套手段なので（笑）、そのまましばらくほうっておくと、その数カ月のあいだに、担当の編集者が他の会社に移る（栄転する）ことになり、スタッフも含めて移動になりました。面白いことに、移った先の会社では、私たちがはじめに予定していた企画内容のとおりに進めることができ、結果的に全員が満足な気持ちでその仕事を終えることができたのです。

その企画のために会社ごと替わってくれた、と捉えると、まるで「奇跡」のような出来事でした。こんな解決策があったとは!!　という方法ですべてが収まったのです。

自分が考えていた枠の外側に起こることが奇跡です。もし、「会社自体が替わることもあるかもしれない」と想像している人がいたとしたら、その人にとっては奇跡でもなんでもない想定内のことなのです。

枠の広い人、枠のない人から見れば、「そういうこともあるだろう」と感じますが、そうではない人にとっては「奇跡」に感じるだけのことです。

ここで起こった現象
私にとっては想定内
私にとっては奇跡!! ありえない

宇宙から見れば、すべて想定内です。

人間の私たちから見ればありえない方法（奇跡）に感じても、宇宙から見ればものすごく簡単なことかもしれません。ちょっと枠を広げて対策を考えただけであり、それをうまく流れさせるために思いもよらぬ手段を用意したのです。

このような経験を繰り返すと、一見悪いこと、望みから遠ざかるようなことが起こったとしても、これをきっかけにどんな想定外のことが起こるかな？　と楽しみになります。宇宙にどんな意図があるのかな？　という感覚です。

また、途中経過に一喜一憂しないようにもなります。**うまくいっていないように感じるのは、まだ途中だからなのです。**

奇跡を起こす秘訣は、それを信じる力です。

奇跡のようなことを起こしたいと思っているのに、その本人が「起こるはずがない」とストッパーをかけていることが、実はたくさんあります。「信じる」というのは、やみくもに必死にすがるということではなく、**「なんでもありえる」と思うこと、「こういうことは起こりえない」という枠を外すことなのです。**

枠を外すと、宇宙の情報が無限に入ってくる

宇宙には「こうでなくてはいけない、こんなことはありえない」というような枠がありません。ですから、枠がある人間の私たちがその情報を受けとると、と

ても奇抜なアイディアに感じたり、ただの変な思いつきや、気のせいとして流してしまいがちです。そんなことをしてもしょうがない、とか、それは夢には関係ない、という常識で判断してしまうことにもなります。

逆に言えば、枠を外せば外すほど、たくさんの面白い情報が入ってきて、それをそのまま実行できるようになります。

夢を実現するときに、「途中経過を細かく考えなくていい」というコツがあるのは、今の自分が思いつく枠内で途中経過を決めすぎると、それ以外の方法で実現する可能性をつぶしてしまうからです。

「これが幸せ、これが常識」と自分が思い込んでいることは、別の世界から見ればまったく通用しないことがたくさんあります。

・この学校を卒業することがすごい
・こういう経歴、仕事、育ちこそが素晴らしい
・こういう結婚こそ幸せ

・これが上品、尊い、価値がある
・これを手に入れる、所有することが幸せ

今のあなたの世界ではそうかもしれませんが、同じ日本人でも違う種類の人たち、違う枠組み、違う世界に行けば、まったく別の基準があるのです。

もちろん、どの基準が「良いか、悪いか」ではなく、その基準で成り立っている世界が好きであればそれでいいのです。ところが、その世界だけが最高と思い、それ以外のものを否定しようとするときに悲劇が始まります。

たとえば、「この美術品（品物）が素晴らしい」とされている世界に、それをまったく知らない人が入ってきたとします。このとき、いつのまにか「これくらいは常識、これを知っていることが素晴らしい」という暗黙のルールが出来上がり、それを知らない人に軽蔑のまなざしが向けられる光景は、よく見られます。

その世界だけで通用する「素晴らしいこと・ルール・知識」が、まるで人間としての常識のようになっている例は、たくさんあるのではないでしょうか？

宇宙とつながっている人、幸せを味わって豊かに暮らしている人たちは、このような枠がほとんどありません。それぞれの自由を認めているからです。枠がありすぎると、幸せから遠ざかります。その枠からはみ出したときには不幸を感じるからです。

自分と違う「枠」を否定したときに苦しくなるのは、否定されている側ではなく、否定している側です。世の中に認められるものが少なくなるからです。世界が広がるチャンスを自分で狭めていることになります。

意識は時間と空間を飛び越える

鎌倉時代、伊勢神宮を訪れた西行法師は、

なにごとのおはしますかは知らねども　かたじけなさに涙こぼるる

（なにがいらっしゃるかはわからないけれど、ありがたくて涙がこぼれる）

という歌を詠みました。

その500年後の江戸時代、西行を慕っていたとされる松尾芭蕉が伊勢神宮の外宮に参宮したときに、かつてのこの西行の歌を思い、

何の木の　花とは知らず　にほいかな

（この神秘的な匂いは何の木の花のものかわからないけれど、なにとはなしにありがたさが感じられる）

と詠んだといいます。

500年の時間の流れを超えて、西行と芭蕉が同じ場所に同じ思いを共有しているのです。

かつて、平安末期から江戸時代にかけて、「僧」が神宮から遠ざけられた時代がありました。「生」と「死」が、「生があるとき」と「死んでからの世界」という対比として語られたため、僧侶が神殿に近づくことを遠慮してもらっていた時

代です。
そのため、西行法師も松尾芭蕉も神宮の奥まで入ることはできず、外側から気配を感じることしかできない……どんなものがいらっしゃるのか、中でなにが行われているのかはわからない……それでも、ありがたくて涙がこぼれると感じたのです。

「肝心なのは、距離ではなく距離感。どれだけ近くても神を感じなければ意味がありません。ふたりは普通の人よりは神から遠かったかもしれないけれど、共に神様の近くまで行けた、ということにもなるわけです」

——伊勢神宮　河合真如参事

「内宮《ないくう》に参拝できるのはすごい」とか、「普通の人には入れない神宮の奥まで入ることができたから神を感じられる」というようなことはなく、どんな場所でも、たとえ神宮の森の外でも感じることはできるのです。
「ここに出入りできるのはすごい」というのも、その人の枠です。

しかし同時に、その「奥」に入ることができる人には、やはりそれなりの意味と縁があり、「その場所で、さあ、なにを思うか」ということがためされているとも言えるでしょう。

そして、ありがたい伊勢神宮にお参りしたあとは、日常生活でためされるときです。

「神様に近づいたらそれで終わりではなくて、階段を下ってまた宇治橋を渡って外に出るときから次が始まります。お参りをしたからこそ、では次に、そこから自分がなにを感じ、なにを成すのか。出るときこそ、また神様に近づくという意識が大切であると思います」

——同　河合真如参事

神は私たちそのものである、という意味

伊勢神宮は、日本最大のパワースポットとされています。

実際、神宮内の深々とした森の中を歩いていると、自分の枠が外れ、これまで思わなかったことを感じたり、優しい気持ちになったり、人によっては素晴らしいアイディアや、なにかの解決策が思い浮かんだりします。

伊勢神宮という最大のパワースポットを訪れて、私もふと感じたことがありました。よく言われる、「神は、自分のなかにも、植物にも、すべてのなかにいる。神は私たちそのものだ」という感覚が、突然ストンと腑に落ちたのです。

人間は、どんなに進化しても自分たちの力で人をつくることはできません。同じように、木ひとつ、葉っぱひとつ、今の人間の力でつくることはできないのです。でもそこに「ある」ということは、それを「つくったもの（力・エネルギー）がある」という証拠です。そこに「絵」があるのは、それを描いた画家がいるという証拠であるように、私たちがいるということは、それをつくったものがある

ということです。

それを「神（エネルギー）」と呼ぶとすれば、同じエネルギーが人間にも葉っぱにも木にも流れていることになります。

みんな同じものが流れている、だからこそみんなつながっているのであり、自然を傷つけることは人間を傷つけることと同じだ、と感じたのです。

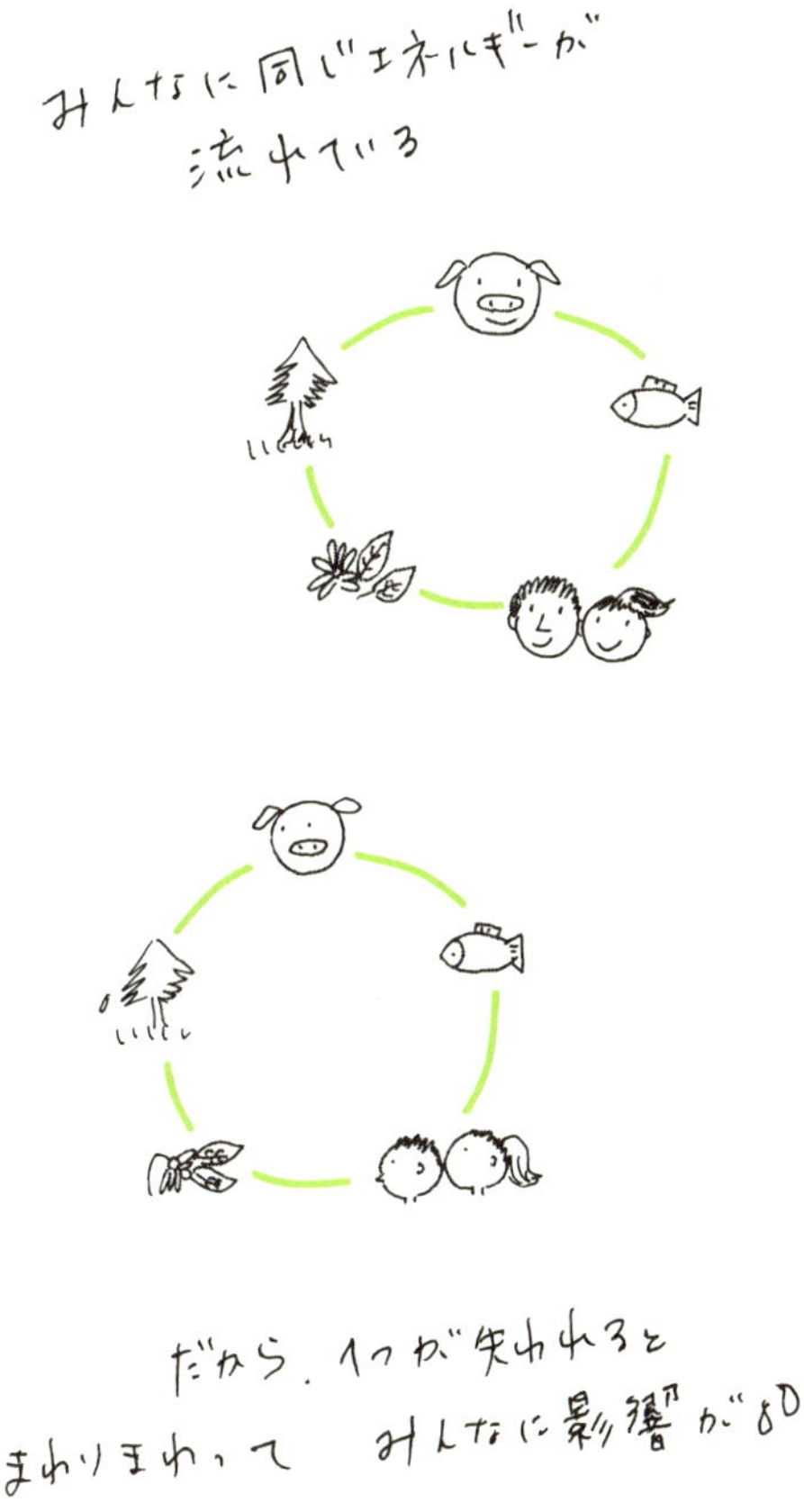
みんなに同じエネルギーが
流れている
だから、1つが失われると
まわりまわって　みんなに影響が

スタジオジブリ・宮崎駿監督の映画『もののけ姫』のなかに、命の神様とされる「シシ神《ガミ》」が出てきます。そのシシ神の夜の姿である「デイダラボッチ」が、映画の最後で大きく膨れ上がり、枯れはてた山に覆いかぶさるように倒れると、その瞬間に枯れていた植物たちがよみがえり、山が花でいっぱいになるシーンがあります。

それを見た村人が「シシ神は、花咲かジジイだったんだ……」と言いますが、まさに、神のなかにある「命のエネルギー」はそのまま植物になり、私たち人間になっている……つまり、神様は私たちそのものだと思うのです。

パワースポットの本当の意味

パワースポットにいると、なにかにふと気づくことがあります。

これまでわからなかったことや、自分の助けになることに、誰に教えられるわけでもなく自然と気づくのです。その内容は人によってさまざま……つまりパワースポットにも、「これを感じなくてはいけない」という枠はありません。あなたが感じることが、今のあなたに必要なことだからです。

パワースポットとは、その人本来の純粋な状態に戻れる場所だと思います。

特別な力を授けてもらう場所ではなく、清浄な聖域にいるだけで、その人の魂そのままの純粋な状態に戻ることができるのです。純粋な状態になれば、頭で考えていた枠が外れ、心が感じたとおりに動けるようになります。

純粋な状態になることによって、宇宙の情報がダイレクトに入ってくるようになる＝宇宙とつながるのです。

さらに言えば、その場所に来たからつながるのではなく、本当はいつもつながっていたことを思い出すのです。

パワースポットに行くと、直感が冴えるような気がしたり、アイディアがひらめいたり、なにかの解決策をふと思いついたりするのも、日頃から降ってきていた情報を、自分が純粋な状態になることで思い出すからです。

日常生活にある雑多ものや余計なものがないため、本音のとおりに好きなものを好きと思って選び、違うなと感じる不自然なものは遠ざけることができる、その判断基準を思い出します。パワースポットに行ったことで、進む道がはっきりした、心が決まった、という人が多いのもこのためでしょう。

同時に大切なことは、「同じようなことは、いつでもどこでも感じられる」ということです。

第2章に書いたように、一般的にパワースポットとされている場所ではなくても、あなたが居心地良くなるような場所であれば、本来の純粋な状態（魂そのままの状態）に戻り、宇宙の波動とチューニングされます。

自分の部屋を居心地良く整えるのも、気持ち良くなる音楽を聞くのも、瞑想をするのが良いとされるのも、すべて、本来の自分に戻って宇宙と波動を合わせるという同じ効果があるからです。**気持ちが良くなるということが、宇宙と波動を合わせるポイントになります。**

知識や理論は必要ない？

宇宙とつながり、その情報を生かして暮らすときに、知識や理論はそれほど必要ありません。

かえって、それらが真実の理解からあなたを遠ざけてしまうこともあります。詳しい知識や理論を知らない人が、それらをすべて研究した人と同じ結論を言っていることがありますよね？

もちろん、他人を説得するときには研究結果や理論が必要かもしれません。ですがこれからの時代は、それぞれの人が「それはいい気がする、違う気がする」というように自分の心で判断をするようになるので、理論があってもなくてもそれほど問題ではないのです。

また、最後は自分の日常生活で実践することにかかっているので、知識や頭でこねくりまわしていると、実践するまでに時間がかかります。すべての理論で証明できることや、矛盾のないことしか実践できなくなるからです。これまでの常識をくつがえすようなことであれば、それを証明するのに余計に時間がかかります。

自分自身の人生が好転すれば、それが一番シンプルな証拠です。それを他人に説得する必要もなく、それぞれが自分の生活でためしてみればいいのです。

知識という点から見ると、子どものほうが宇宙につながりやすくなります。頭ではなく、心で感じたとおりに表現して動くことが多いからです。

子どもが、すごい真理を簡単に言っていることがありますよね？　また今の時代は、「どうしてそんなことを知っているの？」と習ってもいないようなこの世の仕組みを、子どもが覚えていることもよくあります。

子どもの動きに気づかされることがあるのも、宇宙からやってくる直感（＝本音で思うこと）をそのまま実行しているからなのです。

子どもは純粋だから……大人でも純粋な状態になれば、宇宙につながっていることを思い出せます。ただ「心で感じること、本音で感じること」のとおりに判断していくだけで、純粋な状態に戻れるのです。

本音で動いていくと、なによりも自分自身が楽になります。楽になること、心が「快」を感じているときが宇宙とつながっているポイントなのです。

それぞれの人（もの）に役割がある

伊勢神宮を歩いていると、あの一枚の葉っぱがあるからこそあの木ができていて、あの木があるからこそ酸素ができて、酸素があるから人間が生きることができて……、というような生命の循環システムを、単純に肌で感じます。頭ではなく、リアルに実感するのです。

神様にお食事を供えるためにある各お祭りも、田んぼを耕す人、肥料をまく人、それらを収穫する人、神殿に運ぶ人……すべての役割があってはじめて成り立っています。式年遷宮《しきねんせんぐう》も、ひとつひとつの部分を育てて形になるまでにたくさんの役割があり、それぞれの場所にそれぞれの仕事（作業）があるのです。

それぞれの人（もの）に、それぞれの役割、使命がある……そこに優劣はありません。「こっちは重要で、あっちは裏方」というのはなく、どれが欠けても成り立たないのです。

誰にでも、どんなものにも、それが存在している役割があります。

たとえば「宗教」についても、あの教えは間違っていてこっちは正しいということはなく、真理に近づいていくための「窓口」のひとつです。あくまで窓口なので、そこから学ぶことが終わったら、その枠を卒業することも大いにありえます。

「敬虔《けいけん》な信者」であることをなによりも尊いこととしている人がいますが、それも、「あなたはその教えに縁があった」というだけのことで、他の人には他の方法があります。

同じことを「宗教」という窓口から気づく人もいれば、病気になることでわかる人もいれば、日常生活の暮らしのなかで気づいていく人もいるからです。

肉体としての死を迎えるまで、生活のなかのいろいろな出来事を通して、すべての人がそこに向かっているので、どんな方法でもその人にとっての正解なのです。

ひとつのところに向かっているのに各教えに違いがあるのは、伝え方に「段階」があるからだと思います。幼稚園レベルの理解力の人に、大学生クラスの教えを伝えてもわからないように、理解に応じた伝え方があるのです。

たとえば、あるひとつの土着の神様にすがって、ひたすらそれを信じる教えがあったとします。神様はひとつではないという人からすれば、ひとつの形にこだわっているその教えが間違って見えたり、初級クラスに感じたりするかもしれません。

ですが、その伝え方でこそなにかに気づく人もいるのです。その教えは、その人たちを救うために必要な伝え方なのでしょう。

それぞれの段階に必要なことがあり、その教えをしている人は「そういう役割」を持って生まれてきたのです。

あなたはあなたの役割を演じているだけ

アーティストには、宇宙とつながっているような人（＝目に見えないものの力を借りて作業をしている人）が多いものです。枠のない情報をそのまま表現しているからこそ、これまでの常識を超えた「芸術」と呼ばれるものになりえるのです。でもそれも、「その人たちにはそういう役割があった」というだけのことです。

同じことを絵で表現する人、歌で表現する人、文章や言葉で伝える人もいます。スポーツ選手はスポーツを通して真理に近づきます。体を鍛錬することで見えてくる世界と、学問を研究することでたどりつく世界が似ているのは、まさに、たどりつき方はどれでもいいという証拠ですよね。

もちろん、アーティストのような人だけに伝える役割があるのではなく、それぞれの人が日々の生活で実践することこそ、生きた伝達手段です。

それを見た人、知った人に必ず影響を与えていくからです。

頂上に向かって、どの道から山を登るかの違いです。どの道にもそれなりにデコボコがあり、見える景色もそれぞれです。はじめからジェット機で頂上に降り立った人は、その人が見てきた世界を伝えればよく、森を抜けて坂道を上がってきた人は、そこで見えた景色と経験を伝える役割があるのです。

どっちにも面白い世界があり、そのいろんな世界を味わえることが、世の中にいろんな人がいる面白さだと思います。

頂上に向けて
どの道を通るか。
どの道も
それぞれに面白い。
苦しい方が
すごいわけでも
エライわけでもない
ジェット機で降り立つのも
それはそれでOK。
その人の役わり。
その人なりの見えてきたこと
感じることがあるから。

あなたも、世界の聖人と同じことができる

「役割」に優劣や大小はありません。「使命」も、誰にでもあります。たとえば世界の聖人とされている人たち（イエスや仏陀など）も、ただ「そういう役割があって生まれてきた」ということだと思います。

伝えられたその教えは、その人を媒体にして宇宙が伝えているだけで、その人自身がすごいわけではありません。ただ「先に気づいた（先達《せんだつ》）」ということで、それをまわりの人たちに先に伝えるという役割を果たしただけです。

より身近なレベルで考えたとき、不思議な能力があったり、目に見えないものと交信できたりする人も、その人自身がすごいのではなく役割のひとつなのです。

実は、同じようなことは誰でもできます。

これまで書いてきたように、居心地の悪いものは遠ざける、心が「快」を感じることを選ぶというような本来誰でも持っている判断力は、不思議な能力がある

人と同じことをしていることになります。

それを選んだ未来が映像として見えるわけではないので、なぜそれを「いい！」と感じるのか今の時点ではわからなくても、それが自分にとって良い展開をしていくから「いい！」と感じているのです（それだけで充分、とも言えます）。

前世などがわかるのも特殊能力のように感じますが、よく考えてみると、あなたが理由もなく魅かれることや、今の人生で経験がないのに苦もなくできてしまうことなどがそれを表していると思います。

だからこそ、真理をわかっている霊能力者や占い師（と呼ばれているような人たち）は、最後は「本当はあなたが自分自身でわかります」という表現をし、占いに依存させるようなことは言いません。

とかく大きなことをする人に役割や使命があると思われがちですが、「たくさんの人に影響を与える活動のほうが尊い」という上下はありません。

その人にしてみたら自然にやったこと、進んできたことが、結果的に後世で何千何万人の人に影響を与えただけで、１００人の命を救おうとひとりの命を救おうと価値は同じです。

100人の命よりひとりの命のほうが軽い、ということにはならないからです。

人にはそれぞれの役割（使命）があると思うと、自分の枠では理解できない基準で動く人たちのことを「あの人は、そういう役割で生まれてきたんだな」という目で眺めることができます。

役割の違いなので、自分の枠で相手を変えようという気もなくなる……結果的に、自分と違うものを受け入れることになります。

それぞれの役割を認めて受け入れる、これが世界平和の第一歩だと思います。

地震が起きた日本にも役割がある

その人にはそういう役割がある……同じことを国レベルで見ると、これほど大きな被害のある地震が起こった日本にも、「そういう役割があった」のだと思うのです。

原発問題を併発したために、世界中が今の状況を見直すきっかけになりました。

さらに言えば、この問題が即座に解決してしまえば、「経済大国の日本の力」という評価だけで終わっていたかもしれません。世界中が自分のこととして考えるチャンスはなかったかもしれません。長引いていることにも意味があるのかもしれないと思うのです。

日本だけが間違っていたのでも、日本人だけに天罰がくだったのでもなく、ただ世界から見たときのポジションとして、そういう役割なのです。

同時に、そこから新しく復活して、世界を引っ張るモデル都市になる役割も備えられています。紛争がなく国土が統一されて始まった国として、争いなく世界を引っ張る役割です。

乗り越えられないところに役割を与えても意味はないので、乗り越えられる場所として選ばれたのだと思うのです。

使命に気づく方法

その人それぞれの使命は、「自分の使命はなんだろう」とジーッと考えれば出てくるものではありません。

簡単に言うと、自分がワクワクすること、夢中になれること、興味のあることに向かっているうちに自然とわかってくるものだと思います。

考えてみると、なぜそこに興味が湧くのか、どうしてワクワクするのか、理由のない場合がたくさんあります。「こういう部分が好きだから」と言葉にしても、それはそういうふうに表現するしか方法がないからで、本当の理由はもっと感覚的なものが多いはずです。

「ワクワク」という表現だと軽く感じますが、あなたがやりたいと思うこと、興味のあることがそれにあたります。**その作業を通して、あなたになにかの役割があるから、宇宙があなたに「ワクワクする」という情報を与えているのです。**

役割や使命に気づくにも、やはり段階があります。一番はじめから「これが自分の使命だ」とわかるはずはなく、段階を追うようにできているのでしょう。

自分が興味のあることに夢中になっていると、ワクワクする

←

ワクワクしているときが宇宙とつながっているときなので、直感やアイディアがやってきやすくなる（実行しやすくなる）

←

まわりのすべてのことがうまく流れ出すのを感じる

←

その至福感の状態がしばらく続くと、使命や役割に気づくようになる

ワクワクすることに向かっていると、「これが使命だ、役割だ」と強く思うというよりも、自分のやりたいことがますます明確になっていくという感覚です。

これまでの人生でしてきたこと、バラバラだと感じていたことがその使命に向かってつながっていくような感覚にもなります。これまでの仕事（作業）は、自分の使命に向かうためのステップであった、という感覚です。

そして、ひとつもまわり道はなかったことに気づくのです。

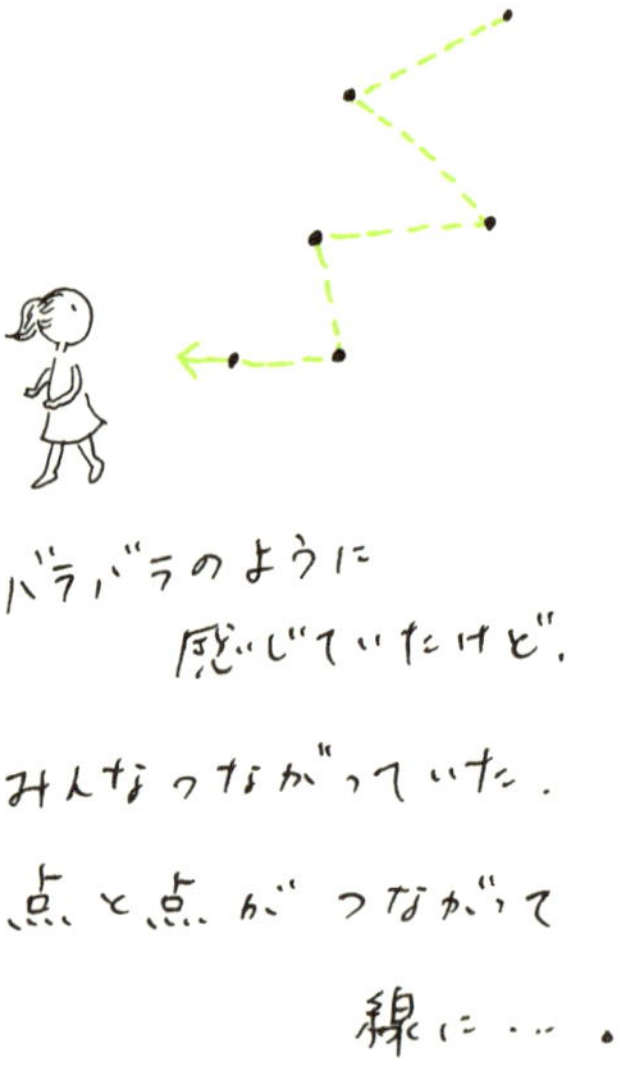
バラバラのように
感じていたけど、
みんなつながっていた。
点と点がつながって
線に……。

自分のやりたいこと（使命）を仕事にしなくてはいけない、ということではありません（それも考え方の枠です）。また、そのときによって興味の対象が変わることもありえます。その時点で別のものに興味がいく意味があるのです。はじめに言ったことを通さなくてはいけないというのも、頭で考えた枠です。

使命は人間の私たちが考えたことではなく、宇宙が用意しているものです。ということは、宇宙の波動と同じ状態になっているとき（つまりワクワクしているとき）に自然と気づくのだと思います。

他人のためではなく自分のために――まずあなたが幸せになる

すべての人に共通している使命（役割）は、自分の生活を通して、まわりを幸せの波動でいっぱいにすることです。

そのためにはまず、中心にいるあなた自身が幸せな状態になることです。幸せ

な状態の人しか、他人の幸せをつくり出すことはできないからです。

人は、幸せになるために生まれてきていると私は思います。人間をつくったエネルギー（神の力そのもの）が、わざわざ不幸になるために世界を創造するでしょうか？

「この世は修行の場、地獄。魂だけの世界に本当の幸せがある」というような考え方もありますが、だからといって「今すぐ死ねばいいいか」ということではありませんよね。今の状況から、人生に起こるいろいろなことを通して真理に近づくため（＝幸せを味わうため）につくられたのだと思うのです。

自分が幸せを感じて、それをまわりに分けることが使命だとしたら、その使命に沿うことにワクワクを感じ、居心地の良さを感じるはずです。つまり、**あなたがふと感じる「これがいい、これにワクワクする」は、あなただけではなく、まわりの人も幸せにする使命に基づいた感覚なのです。**

だからこそ、「ワクワクする」というだけでそれを選んでいいのです。

自分の幸せを犠牲にして他人の幸せを考えるというのは、一時的には続いても長続きはできなくなります。

自分を犠牲にして人のために続けていると、「これだけ人のためにしているのに、どうして自分は不幸なんだろう」という見返りを求めるようになります。

たとえば、一日中ボランティア活動（奉仕）をしてきた人が、その疲れとストレスで家族に八つ当たりをする、というようなおかしな現象が起こるのです。

その人自身が本当にその活動を楽しんでいるときだけ、まわりの人に明るい影響を与えることができます。

逆から考えれば簡単なことです。自分を犠牲にして、眉間にしわを寄せて「これが良いことだから」「あなたのために」とされれば、助けられるこちらにも罪悪感が生まれます。本人が楽しそうにワクワクしていれば、こちらの罪悪感もなくなり、「自分もあなたのように幸せになりたい」と思いますよね。

つまり、奉仕活動は自分が楽しいからこそ成り立つことだと思います。

その作業自体にワクワクを感じるようになると、やればやるほど生き生きして、その活動からパワーをもらうことができる……結果的に、自分を喜ばせる活動が、他人を喜ばせる活動につながって、「してあげている側」と「してもらっている側」の垣根がなくなるのです。

世界を幸せにする方法

世界を幸せにするには、まず自分が幸せになり、それをまわりに分けることです。分けようと思わなくても、自分自身が幸せな波動をつくっていれば、まわりは勝手に影響を受けます。

暗い考えを持っていたり、卑屈であったり、物事を斜めに捉えたりする人が、本当に純粋で素直な人たちの輪にふれると、それだけでその人に変化が起こるということがありますよね？

ただ純粋に楽しく明るいパワーで活動している人たちの輪に、打算や作戦で頭をいっぱいにしている人たちが入ると、相手の楽しそうなエネルギーに感化され、勝手に変化が起こります。影響を与えようと思わなくても変わるのです。

２０１１年の６月に、10年分の読者の皆様への感謝をこめて「Ｈｏｈｏｋｏ Ｃａｆｅ」というカフェを開きました。

10年分の読者の皆様へなにをしたら面白いか……はじめは私と友人たちから始まった企画でした。そのモットーは、「関わる私たち自身が楽しむこと」。イベントの内容や会場選び、講演の内容もゲームの方法もディナーショーも、それをやるかやらないかの基準は「とにかくそこにワクワクできるか⁉」だけでした。

その結果、想像以上に盛り上がる２日間になりましたが、その盛り上がりのエネルギーはその場所だけで留まらず、各人がその波動になったことでさまざまな化学反応が起こりました。盛り上がった「場」に参加することで家族愛が深まった人、カップルになった人、思いを共有して孤独が癒された人、「自分にもなにかできる」と未来に明るい希望を持った人、東北地方から参加してくださり自分の夢を思い出した方など、それぞれに変化が起こりました。関わっているスタッフにもさまざまな心境の変化が起こりました。

ワクワクしたエネルギーが満杯になると、それはまわりにいる人を巻き込んで化学反応を起こします。

その高いエネルギー状態で日常生活に戻ったとき、これまで抱えていたことへの見方が変わったり、まわりの人に優しくなったり、人生が面白く感じるようになる……その結果、問題が解決したり、その人にとっては奇跡に近いことが起こるのです。その奇跡を報告してくださる手紙やメールは、現在も続いています。

ひとつの場所でつくった意識のエネルギーは、その場所と時間だけに留まらず、その人のほかの部分にも影響を与える……みんな、つながっているからです。

まず自分が幸せになることで、まわりの人に影響を与える……その活動をそれぞれの人が行えば幸せを感じる輪は広がります。それぞれの人が、それぞれの場所、自分のまわりのグループで実践すれば、日本全体の波動がどんどん上がると思うのです。その数が一定数以上になれば、100匹目の猿現象（12〜13ページ参照）を起こし、日本や世界の別のところにも飛び火します。

今日、あなたが幸せになることの先には世界平和がつながっているのです。

まとめに代えて――今こそ、宇宙につながっていることを思い出すとき

すべての人に共通した役割は、生きることを通して幸せを味わうことだと思います。この世界をつくったエネルギーが、なんの理由もなく滅びさせること（そんな無駄なこと）をするはずがないことを思うと、3・11の大地震も、それをきっかけに地球が幸せな方向へ向かうため、なにかの意図があって起きたのです。

第2章に書いたように、2012年付近に起こるとされている「地球の大転換」に向けて、人間たちが気づかなくてはいけないという意図もあるでしょう。どんな意図があるにしろ、すべて幸せになるための変化です。これだけ大きな地殻変動を起こし、たくさんの命を次の世界に送ったのは、世界中の人たちの意識を一段上げて、宇宙の生き方に近づかせるためだと思うのです。

人は本来、いつも宇宙につながりっぱなしだと思います。

宇宙の情報を利用するには、頭ではなく心の感覚で動くこと、あなたが本音で

感じていることを、枠を外して実践していくことです。
その本音の感覚でワクワクすること、興味のあることに向かっていくと、自然と「使命」に気づきます。それぞれの役割（使命）に向かうことで、まず自分が幸せになり、それに気づいた人からどんどんまわりに広げていけばいいのです。

目には見えないエネルギー（神？　宇宙？）が私たち人間をつくったということは、宇宙と同じエネルギーが私たちにも流れているということです。

本来、誰でもその力を使っていたはずなのに、この何十年、何百年、何世紀のあいだは、それを忘れてしまっていただけなのでしょう。
今、ようやくそれらを思い出し、変われるチャンスに来ているからこそ、宇宙は「地震」という形を通して、人々に変わるチャンスをくれているのだと思います。地球にとって、ラストチャンスかもしれません。

これまであらゆる方向から書かれてきた「幸せになる方法」、言葉を換えれば「運が良くなるコツ」「成功哲学」「開運方法」など、すべてを含む「宇宙につながる方法」を、今こそ実践するときだと思います。

それぞれの人が自分の生活で実践し、幸せになり、ひとりひとりの波動を上げることが、地球全体を幸せにすることだと思うからです。

あなたが幸せになることの先には世界平和があるのです。

あなたにも、あなたの興味あることを通して、自分とまわりを幸せにする使命があるのです。

あとがき

以前の私は「宇宙につながるためには……」という視点で本を書いていました。
２００９年に書いた『宇宙につながると夢はかなう』（フォレスト出版）も、「宇宙につながるような考え方で暮らすと夢はかないやすい」と実感したからこそ書いたものです。

ですがこの数年、人ははじめから宇宙につながっている、ということを感じ始めました。普段はそれを忘れているだけで、本来誰でも宇宙とつながっているのです。その漠然とした感覚は、２０１０年から始まった伊勢神宮へのご縁と、２０１１年3月の東日本大震災によって確信に変わりました。

この震災をきっかけに、私自身、これまで以上に「自分の感じるワクワクすることに専心しよう」と思うようになりました。

そのワクワクに基づく活動は、自分のまわりだけに留まらず、その輪を広げていった先にはアジア平和（世界平和）があると感じます。面白いことに、その意識を持っただけで身のまわりに大きな変化が起きていることを、今感じています。

その変化の流れのなかで、辛抱強く原稿を待ってくださった亜紀書房の高尾豪様、本当にありがとうございました。

神社本廰の田中恆清総長、同広報部瀬尾芳也様、伊勢神宮の河合真如参事、伊勢神宮へのご縁をいただきました三沢直子様、竹森良一様、そして日頃よりさまざまなお話を伺わせていただいております丸山弘子様、この場を借りて、感謝の意を表したいと思います。ありがとうございました。

目に見えるもの、見えないもの、いろいろなものに感謝をこめて。

２０１１年　秋　浅見帆帆子

浅見帆帆子（あさみ・ほほこ）

作家・エッセイスト。東京生まれ。青山学院大学国際政経学部卒業後、ロンドンに留学、インテリアデザインを学ぶ。帰国後執筆活動に入り、『あなたは絶対！ 運がいい』『わかった！運がよくなるコツ』（廣済堂出版）、『大丈夫！うまくいくから』（幻冬舎）、『あなたの運はもっとよくなる』（三笠書房）、『宇宙につながると夢はかなう』（フォレスト出版）などが累計300万部超のベストセラーとなる。そのほか、絵本、日記、旅エッセイなど著書多数。人材教育や企業研修に取り入れている企業も多く、海外でも広く翻訳出版されている。近年、インテリアデザインや手帳などのプロデュースを手がけ、ジュエリーブランド「AMIRI」を立ち上げるなど活躍の場を広げている。共同通信の携帯サイト「NEWSmart」にてコラム連載中。

公式 HP http://www.hohoko-style.com/
携帯サイト「帆帆子の部屋」 http://hohoko.jp/
AMIRI http://hoho-amiri.com/

あなたも宇宙とつながっている
今、伊勢神宮に魅かれる理由

2011年10月11日 第1版第1刷 発行
2011年11月15日 第1版第4刷 発行

著 者 浅見帆帆子
発行所 株式会社亜紀書房
〒101-0051
東京都千代田区神田神保町1-32
電話 03（5280）0261
http://www.akishobo.com
印刷所 株式会社トライ
http://www.try-sky.com

ISBN978-4-7505-1120-7 C0095